Della stessa autrice
nel catalogo Sonzogno

Il viaggio di Eros e Psiche

Ombretta Cecchini

Perché capitano tutti a me

Nulla accade per caso.
Scopri cosa si nasconde dietro le tue scelte in amore

Sonzogno

Prima edizione: ottobre 2023
www.sonzognoeditori.it

PERCHÉ CAPITANO TUTTI A ME

A tutte le persone che ho conosciuto
e mi hanno insegnato qualcosa sull'amore

Indice

1
La persona giusta

Quando qualcuno viene da me perché non riesce a incontrare la «persona giusta», la prima domanda che faccio è: «Giusta per cosa?» In genere, questo semplice interrogativo provoca smarrimento. Il problema delle espressioni comuni è che spesso ne dimentichiamo il significato profondo: diventano parole vuote che, però, alla fine condizionano il nostro pensiero e il nostro comportamento. Ecco perché invito i miei pazienti ad andare oltre il significato apparente della parola «giusta». Se desideriamo qualcosa è necessario avere le idee chiare, altrimenti corriamo il rischio di girare a vuoto, senza riuscire a concretizzare quello che vogliamo.

Siccome ho capito che «Giusta per cosa?» è una domanda destabilizzante, quando desidero approfondire inizio con un quesito più accessibile: «Cosa intendi esattamente per "persona giusta"?» (Se provate a soffermarvi, vi accorgerete che neppure questa è una domanda semplice e che, per dare una risposta precisa, è necessario rifletterci meglio.)

Molti rispondono con il nome di qualcuno – «La persona giusta per me è Mario (o Caterina)» –, ma ancora non è la soluzione. Quello che voglio scoprire è cosa intendono con «giusta», non mi interessa sapere quale persona corrisponda al concetto.

Dopo vari tentativi, arriviamo a concordare sul fatto che non esiste *la* persona giusta: casomai, esiste la persona giusta *per me*. Ed è già un primo passo. Tuttavia, non è ancora abbastanza. I desideri sono importanti ed esprimerli correttamente richiede una certa dedizione.

Di solito, il dialogo tra me e il paziente continua più o meno in questi termini: «Quindi, abbiamo stabilito che non esiste *la* persona giusta, ma la persona giusta *per te*. E come la immagini?»

«La persona giusta per me è qualcuno che mi ama» è la prima risposta che generalmente ricevo.

«Non importa se anche tu l'ami?»

«Certo, vorrei amarla anch'io e vorrei che mi ricambiasse.»

«E potrebbe essere chiunque?»

«No, non chiunque.»

«Immagino che se fosse violento/a non andrebbe bene, giusto?»

«Ovvio che no.»

«E se non si lavasse?» continuo a provocare.

«Nemmeno...»

E andiamo avanti così, fino a quando il paziente realizza di non aver mai riflettuto a fondo sull'argomento. Alla fine della conversazione, però, ha capito che se volesse davvero tracciare un identikit, dovrebbe stilare un elenco di almeno due pagine. Qualche volta è necessario che se ne renda pienamente conto, e allora lascio che scriva la sua lista (potete farlo anche voi lettori, se volete). Dopo averla completata, invito il paziente a rileggerla, poi chiedo: «Se domani tu incontrassi una persona che non corrisponde al tuo identikit, ma ti accorgessi di amarla, la lasceresti andare?»

A questo punto il paziente, un po' stupito, dichiara di non avere la più pallida idea di cosa significhi desiderare di incontrare la persona giusta. Soltanto quando se ne rende conto è pronto per iniziare un bel lavoro su di sé, per rivedere le proprie convinzioni riguardo all'amore ed entrare in contatto con i suoi veri desideri. Infatti, se le convinzioni condizionano pesantemente i nostri comportamenti, già il solo fatto di conoscerle ci aiuta a essere più liberi nelle scelte. Nei paragrafi successivi ne affronteremo alcune che meritano di essere approfondite.

«Se non mi ama è colpa mia»

Chi, almeno una volta nella vita, guardando la persona amata non ha pronunciato – a voce alta o soltanto nei suoi pensieri – frasi come «sono pazzo di te», «sono follemente innamorato», «mi fai impazzire»; o, ancora, «ho perso la testa»? Platone, attraverso le parole di Socrate, descriveva così lo stato d'animo dell'innamorato:

> L'anima se ne sta smarrita per la stranezza della sua condizione e, non sapendo che fare, smania e fuori di sé non trova sonno di notte, né riposo di giorno, ma corre, anela là dove spera di poter rimirare colui che possiede la bellezza. E appena l'ha riguardata, invasa dall'onda del desiderio amoroso, le si sciolgono i canali ostruiti: essa prende respiro, riposa delle trafitture e degli affanni, e di nuovo gode, per il momento almeno, questo soavissimo piacere. E così non si staccherebbe mai dalla bellezza.

Chi si trova in questo stato è pronto a fare qualunque cosa, arrivando a dimenticarsi di tutto ciò che gli era caro. Vuole e brama una sola cosa, anzi, una sola persona: colei o colui, la sola o il solo, in grado di placare lo stato di tormento e soddisfare il desiderio. Soltanto l'amato può restituire la pace, e per questo lo desidera e lo rincorre in ogni luogo. La sensazione è di essere invasati, nel senso letterale del termine, come se si fosse posseduti da una forza più potente, di origine soprannaturale o, come direbbe Platone, divina.

Sorrido quando ascolto uomini, donne, coach ed esperti dispensare consigli sulle strategie da usare per far innamorare qualcuno. Chi crede che sia possibile forse non si è mai innamorato, altrimenti saprebbe che nulla si può fare davanti a qualcosa di così straordinariamente fuori dal controllo umano. Chi ha perso la testa almeno una volta nella vita non ha dubbi sull'origine soprannaturale dell'amore. Il rapimento, la fascinazione, la passione, l'estasi, cosa condividono con la sfera razionale e la volontà? Chi è davvero in grado di decidere se e per chi perdere la testa? Provate a pensarci: voi siete capaci di scegliere di chi innamorarvi? È sotto il vostro controllo? Riuscite a innamorarvi volontariamente di questa o di quell'altra persona? No, non potete. Potete autosuggestionarvi, ipnotizzarvi, convincervi di amare qualcuno, ma non potete decidere di amarlo davvero, profondamente e in modo autentico. Nessuno può farlo.

Ecco, adesso che avete riflettuto su queste domande, chiedetevi quanto possa essere realistico credere di poter fare innamorare qualcuno. Se non esercitiamo questa facoltà su noi stessi, come possiamo farlo sugli altri? Se foste in grado di decidere di chi innamorarvi, non sarebbe più semplice innamorarvi di chi già vi ama e vi vuole? La verità è che non potete scegliere. Certo, esistono strategie in grado di aiutarvi a sedurre qualcuno (forse), ma non di farvi amare. E neppure lui o lei potrà amarvi semplicemente perché lo vorrà.

«Non ci ha neppure provato...» ci rammarichiamo quando l'amato confessa di non ricambiare il nostro sentimento. Ma ognuno di noi, in fondo al proprio cuore, sa se una persona ci risveglia qualcosa dentro oppure no. Possiamo desiderare di amare qualcuno, il desiderio è legittimo, ma non possiamo *voler* amare, perché l'amore è al di fuori del nostro controllo. L'amore e la passione sono destabilizzanti proprio perché sappiamo benissimo di non avere alcun potere su queste forze. Vivere oltre i confini del già noto, sperimentare cosa esista oltre la ragione, assaporare la bellezza del lasciarsi andare senza freni: è proprio questa la magia.

L'amore si fa beffe della mente razionale, sbaraglia il sistema di valori e le certezze, conducendoci al di là di quello che abbiamo sempre saputo e di cui siamo sempre stati fermamente convinti. Ed è molto attraente, nel senso più stretto del termine. L'amore attrae perché ci conduce in luoghi ancora inesplorati.

«Però quella volta...»

Se credete che si possa agire sull'innamoramento e portare una persona a perdere la testa, è possibile che adesso stiate scorrendo tra i ricordi per rintracciare l'amica o l'amico che ci è riuscito. «Un mio amico ha corteggiato la sua amata per sei mesi e, alla fine, lei si è innamorata»: è probabile che abbiate maturato questo pensiero, o qualcosa di molto simile.

È vero, succede. Mi vengono, però, in mente almeno due obiezioni. (In realtà molte di più, ma due sono sufficienti per aiutarvi a seguire il mio discorso.) La prima è che non siamo certi del fatto che la donna (o l'uomo) che alla fine capitola sia davvero innamorata/o del corteggiatore, o se non sia invece infatuata/o delle attenzioni che ha ricevuto. E di certo non è la stessa cosa. Se la persona che amate si innamora di voi perché la fate sentire un dio o una dea, non è innamorata di voi, ma di come si sente al vostro fianco. Come spiegherò più nel dettaglio in seguito, in questo caso non si tratta di amore, ma di un ritorno narcisistico. Se invece l'altro si è davvero innamorato di voi, è molto probabile che sarebbe accaduto lo stesso.

La seconda considerazione riguarda il fatto che alcune persone non si innamorano subito semplicemente perché hanno bisogno di più tempo, o perché non è ancora il momento. Quindi è molto probabile che si innamorino soltanto quando sono pronte a farlo – e, di conseguenza, sarebbe accaduto a prescindere. Succede, per esempio, con gli amori che nascono dopo anni quando, a seguito di un'amicizia ventennale, ci si scopre innamorati all'improvviso.

L'amore accade, e l'unica cosa che possiamo fare è essere autenticamente noi stessi. Mostrarci diversi perché non siamo in grado di accettare che l'amato non ricambi i nostri sentimenti, oppure accanirci per ottenere qualcosa che non è destinato a noi, è l'atteggiamento più lontano dall'amore che si possa immaginare. Volere che l'amato ci corrisponda non ha alcun senso; possiamo al massimo desiderarlo, e il desiderio nasce spontaneamente, dal profondo, non dalla mente o dalla razionalità. Imparare a lasciar andare quando ci rendiamo conto che l'incontro non è avvenuto significa dare spazio a ciò che sta arrivando. Il senso di sconfitta, l'umiliazione per lo smacco subito e la frustrazione sono tutte reazioni della mente nevrotica, che poco hanno a che spartire con i sentimenti.

Concederci del tempo per conoscerci, e approcciare l'altro con genuino interesse per approfondire la conoscenza, è l'unico modo per lasciare all'amore il tempo di sbocciare. Certo, nessuno potrà darci la certezza che accada, ma avremo comunque arricchito la nostra esistenza con un nuovo incontro.

«Non voglio perdere tempo»

Chi è alla ricerca della persona giusta considera tempo perso quello speso in frequentazioni che non portano al rapporto amoroso. È tempo sprecato quello che non conduce sotto le lenzuola (se l'obiettivo è il sesso) o alla relazione (se lo scopo è il fidanzamento). Succede un po' come quando si vuole assumere qualcuno: si prendono in esame una serie di curriculum, si scelgono quelli con le caratteristiche più confacenti, poi si passa ai colloqui, sperando di trovare la persona giusta il più rapidamente possibile. Una volta scelto il candidato, tutte le persone che non hanno superato la prova vengono etichettate come «non idonee» e finiscono nel dimenticatoio. Il tempo passato a intervistare i candidati serve solo alla selezione di quello più adatto a svolgere la funzione richiesta.

Qualche volta usiamo lo stesso sistema anche per la scelta di un partner. Stiliamo una lista con le caratteristiche che desideriamo e partiamo con i colloqui (in questo caso, ovviamente, parliamo di appuntamenti). Eppure, considerando l'incontro come una sorta di colloquio selettivo, non terremo affatto conto che ogni persona merita di essere conosciuta. Si tratta comunque di un appuntamento tra due esseri umani che, anche solo per qualche minuto, interagiscono e si scambiano sensazioni ed emozioni. Veniamo a conoscenza di una parte del mondo dell'altro e non importa quanto piccola o grande sia, è pur sempre uno scambio. Se non impariamo a ritrovare il piacere della relazione, il gusto di creare rapporti, l'interesse per l'altro in quanto persona e non per la funzione che potrebbe svolgere, continueremo a mantenere in vita una società narcisistica. Frequentare qualcuno soltanto per raggiungere i propri scopi, amore compreso, significa fare un uso strumentale delle persone e dare inizio a una relazione narcisistica.

Mentre scrivo queste righe, già intravedo una domanda farsi largo nella mente di alcuni di voi: «Ma non è giusto avere chiaro cosa vogliamo dal partner?»

Penso che la relazione si costruisca istante per istante, passo dopo passo, lasciandoci sorprendere dalla vita. Avere un concetto a priori di come una persona dovrebbe essere limita la possibilità di creare opportunità di incontro. Frequentare qualcuno rimanendo consapevoli e presenti, senza fare voli pindarici o anticipare il futuro, credo sia il modo migliore per rendere straordinaria ogni conoscenza.

Già avverto l'incombenza di nuovi interrogativi: «E se mi innamoro e poi scopro che non va bene per me?» È possibile, ma avrete comunque scoperto qualcosa di importante su voi stessi. Se amate qualcuno che non ricambia il sentimento, è molto probabile che quella persona incarni aspetti della vostra interiorità che vorreste sviluppare in voi: l'indipendenza, il successo, la sicurezza, la libertà in amore o qualunque altra cosa che pensate di non avere. Fermarvi a riflettere su cosa vi spinge verso di lei (o lui) vi aiuterà a capire qual è la parte di voi che vorrebbe emergere. Trovo che questo sia il modo più bello di dare un senso agli amori non corrisposti e al dolore di vedere un sogno non realizzato. Se quello che volevate non è accaduto, forse non si trattava di un vero desiderio, ma di un bisogno derivante da una mancanza o da una paura che cercavate di placare.

«Non sei come ti credevo»

Qualche volta pensiamo di aver trovato la persona giusta e poi scopriamo che non era lei (o lui). Quando succede, possiamo cadere in una grande delusione. Dopo averci sperato per tanto tempo, viviamo come un fallimento il dover ricominciare da capo la ricerca.

Anche in questo caso, fare chiarezza aiuta a capire meglio la situazione. Nella fase iniziale di un rapporto accadono due cose importanti. La prima è che il nostro cervello è drogato dalla produzione di una serie di sostanze che attivano uno stato euforico. In questa fase, tutto è fantastico e meraviglioso: viviamo una sorta di luna di miele in cui l'unica cosa che conta è passare più tempo possibile insieme, scambiandoci effusioni e parole d'amore.

La seconda cosa è che tendiamo a idealizzare il partner. All'inizio l'altro, ancora sconosciuto, potrebbe essere chiunque: presi dallo stato di esaltazione, siamo propensi a trasferire su di lui tutte le qualità positive – quelle dell'identikit, per capirci (anche se non si è mai scritta la lista su un foglio, è comunque presente nel nostro inconscio). Lui o lei ci appare perfetto/a. Con il passare del tempo, la persona si svela per come è davvero e non per come l'avevamo immaginata: fa parte del processo di conoscenza. In questo passaggio è possibile scoprire che non è più così «giusta». Davanti alla presa di coscienza che l'uomo o la donna che abbiamo accanto non è quello che avevamo creduto, possiamo avere reazioni diverse.

1. Possiamo renderci conto di non essere più coinvolti e distaccarci, in genere in modo brusco, usando espressioni tipo: «Non mi è scattato nulla.» È come se ci risvegliassimo

da un sogno e, dopo aver aperto gli occhi, ci ritrovassimo davanti una persona diversa, non più attraente né interessante. Alcune personalità, come vedremo, inanellano storie di questo genere, in cui passano da un'infatuazione all'altra senza mai giungere a una relazione vera e propria.

2. Dato che il cambiamento è tanto insopportabile, preferiamo autoaccusarci anziché accettarlo. Di rado in queste situazioni teniamo conto che lo svelamento potrebbe essere dovuto alla fine della fase dell'innamoramento. Ci incolpiamo in modo ossessivo per cose che potremmo aver detto o fatto. L'autoaccusa ci restituisce la sensazione di riprendere il controllo e di poter rimediare. «Se dipende da me, allora posso fare qualcosa per recuperare»: è questo il pensiero di chi è convinto di poter tornare alla fase precedente. Quando ci troviamo in situazioni di sofferenza e autoaccusa, spendiamo enormi quantità di energia per ritrovare nel partner l'uomo o la donna conosciuti durante i primi incontri.
3. Ci sentiamo delusi e traditi. «Non sei come ti credevo» è la colpa rivolta all'altro per essersi mostrato diverso e per averci illusi. Amareggiati e rancorosi, scateniamo tutta la frustrazione sul partner considerato responsabile del tradimento. Vogliamo che sia lui o lei a riparare e a lenire le nostre ferite. Anche in questo caso, la percezione è quella di un'intenzionalità da parte del «traditore», a volte reale, molto più spesso immaginata.
4. In alcune circostanze, desideriamo che il partner torni a essere come prima semplicemente per poter dichiarare con trionfo: «Ormai è troppo tardi.» In questa dinamica, ciò che ci spinge è il bisogno di vendicarci per l'onta subita.
5. Finita la fase dell'idillio potremmo anche continuare la relazione come se nulla fosse, negando la realtà e vivendo in

una specie di universo parallelo in cui ignoriamo tutti i segnali della fine. La situazione vista dall'esterno è una commedia in cui, incapaci di accettare la realtà, rimaniamo fidanzati con partner che invece si comportano da single e non fanno nulla per nasconderlo.

6. Può anche accadere, infine, che una storia sia terminata, a volte drammaticamente, ma che continuiamo a illuderci che presto tutto tornerà come prima, aggrappandoci a ogni minimo dettaglio che alimenti questa narrazione. Quando compaiono segnali chiari che si tratta soltanto di un'illusione, viviamo una profonda disperazione, superata la quale torniamo a vivere con questa falsa speranza, in un ciclo senza fine.

La persona che hai incontrato è sempre quella giusta per te

Anche se è difficile da comprendere, soprattutto quando si soffre, la persona che incontriamo lungo il nostro percorso è proprio quella di cui abbiamo bisogno in un dato momento, e non importa quanto durerà. L'incontro potrebbe aiutarci a risolvere conflitti interiori o far luce su aspetti d'ombra della nostra personalità, ma comunque risponde a una nostra esigenza profonda. Basti pensare alla potenza attrattiva, alla fascinazione che sperimentiamo in alcune relazioni in apparenza assurde, quando ci rendiamo conto che la nostra parte più profonda ha *bisogno* di vivere quell'esperienza.

Generalmente, liquidiamo il tutto con la frase «al cuor non si comanda» – il che, da un certo punto di vista, è vero. Ma sotto c'è molto di più. I cosiddetti «amori sbagliati» non esistono. Se riusciamo a dare un senso all'accaduto, tutte le storie meritano di essere vissute, anche le più dolorose... E comunque, non possiamo decidere tutti gli eventi della nostra vita. Possiamo però decidere come usare ciò che ci succede. Se riusciamo a sostituire la frase «perché capitano tutti a me?» con altre più autoriflessive, possiamo attivare un processo di conoscenza di noi stessi per cui una relazione diventa all'improvviso sensata.

Chiediamoci: Che significato ha per me la cosa che mi sta succedendo? Quali parti di me sto vedendo in questa relazione? In che modo sto partecipando a questa dinamica? Cosa mi attrae di tutto ciò, anche se razionalmente non ha significato? Forse scopriremo che nel profondo abbiamo aspetti infantili che devono essere aiutati a crescere, poiché la loro mancata evoluzione ci impedisce di costruire una relazione adulta. Altre volte, si tratta di veri e propri tratti d'ombra, come quelli masochistici o narcisistici, che chiedono prepotentemente di venire alla luce.

La consapevolezza che possiamo acquisire osservando i nostri comportamenti non deve però sfociare nell'autocolpevolizzazione, altrimenti l'intero processo si svuota di significato. Ognuno dovrebbe imparare ad abbracciarsi nella sua totalità, comprese le parti che, a prima vista, potrebbero non piacere. Il cambiamento, laddove lo si desideri, passa sempre per l'accettazione, e giudicarsi rallenterebbe soltanto la conoscenza di sé. L'uomo o la donna per cui avete sofferto può diventare il ponte attraverso cui raggiungere luoghi della vostra psiche che altrimenti non avreste mai visitato. La sofferenza è un segnale, qualcosa che spinge a riportare l'attenzione su di noi. Questo richiamo a portare avanti il nostro percorso evolutivo è segnalato sempre da una «chiamata», e le questioni amorose sono il modo più comune in cui si presenta.

La chiamata

La chiamata è sempre accompagnata da una sensazione di malessere e dalla percezione di non essere soddisfatti della vita che viviamo. Può trattarsi di una malattia, di un forte disagio fisico o psichico, o di una perdita importante. Insomma, accade un evento che sconquassa la nostra esistenza e ci aiuta a capire che lo stato attuale non è più adatto a noi. Abbiamo l'intuizione di una mancanza, percepiamo l'assenza di qualcosa di importante che non riusciamo ancora a identificare esattamente.

In risposta alla sofferenza generata da questa chiamata, troppo spesso la ricerca si sposta all'esterno, credendo che fuori troveremo ciò di cui abbiamo bisogno. Può capitare allora di sentire il desiderio di innamorarci, di vivere una forte attrazione o di chiudere un rapporto, sperando di risolvere. Ma un malessere profondo raramente coincide con qualcosa che sta al di fuori: nella maggior parte dei casi, il senso di mancanza deriva da parti di noi stessi che abbiamo dimenticato.

Se non comprendiamo a fondo l'origine della chiamata, potremmo andare alla ricerca di queste parti in un uomo o in una donna su cui proiettare ciò di cui sentiamo la mancanza, innamorandocene. «Lui (o lei) è una parte di me» è l'espressione che meglio esprime ciò di cui sto parlando. Questo spiega perché rimaniamo invischiati in storie da cui, pur soffrendo, non riusciamo a distaccarci. Se proiettiamo parti di noi sul partner, l'allontanamento comporta il sentirci strappare qualcosa che ci appartiene. A volte la sensazione è tanto intensa da avere l'impressione che ci sia stato portato via il cuore, oppure un arto.

Non è amore per il partner: si tratta di amore per noi stessi, una forte chiamata a recuperare quei lati di noi che vogliono essere accolti. Soltanto per fare un esempio, esaminiamo una relazione con un partner immaturo. Pur riconoscendone i limiti, non riuscite ad allontanarlo. Sapete che non va bene per voi e che non potrete mai costruire una relazione con lui o lei, ma rimanete agganciati nella speranza che avvenga il miracolo. Credete si tratti di amore? Assolutamente no, perché state amando la sua versione 2.0. Quindi, cosa vi trattiene? È la vostra chiamata. La vostra parte immatura, quella che non riesce ad accettare la realtà e vuole vivere nel mondo illusorio dei bambini, vi sta chiedendo di venire alla luce perché vuole essere aiutata a crescere. Probabilmente sentite il desiderio di una relazione adulta, ma non potete averla perché alcuni aspetti infantili sono tuttora in ombra.

Per poter osservare questi lati d'ombra, abbiamo un solo modo: proiettarli sugli altri. Naturalmente, il meccanismo della proiezione avviene sia per le caratteristiche positive che per quelle negative della nostra personalità. La relazione, quindi, ci consente di riappropriarci di tutte le nostre parti e di portare a termine il nostro percorso di individuazione: è il miracolo dell'amore.

Essere liberi non vuol dire fare quello che si vuole

A questo punto del discorso potrebbe sorgere l'obiezione, comprensibile: «Come la mettiamo con l'impegno?» Se è vero che dovremmo sentirci liberi di essere noi stessi e di allontanarci quando ci rendiamo conto che il partner non soddisfa più le nostre esigenze, cosa accade nei rapporti di lunga data? Non sono convinta che un rapporto possa durare soltanto perché ci si è impegnati in una promessa davanti a duecento persone il giorno del matrimonio. L'amore non può durare se lo si vede e lo si vive come un dovere.

Penso però che sia possibile scoprire il proprio partner ogni giorno e continuare a innamorarsi. Se riusciamo a mantenere viva la curiosità e l'interesse per la persona che abbiamo accanto, osservandola ogni giorno nei suoi piccoli cambiamenti, nelle trasformazioni che il tempo inevitabilmente apporta, l'amore può essere mantenuto. Servono dedizione, cura e passione per i dettagli, ma non è impossibile. Del resto, non possiamo mai dire di conoscere fino in fondo nessuno. Non possiamo dirlo neanche di noi stessi, figuriamoci di un altro.

La possibilità di continuare a conoscersi e innamorarsi ci è data soltanto se non viene compromessa la libera espressione dell'individuo – e, al contrario, se viene stimolata.

Molte delle coppie in crisi che ricevo nel mio studio hanno una caratteristica in comune: uno o entrambi i partner hanno rinunciato a se stessi. All'inizio la rinuncia è stata facile. L'eccitazione e l'enfasi dei primi tempi li ha spinti a non ascoltare i propri bisogni. Prima l'innamoramento, poi il matrimonio, la casa, i figli forniscono il carburante per andare avanti, ed è possibile che la vocina che cerca di comunicare che qualcosa è stato dimenticato non venga ascoltata. Quando però la situazione si stabilizza, ecco che quello che prima era un semplice sussurro diventa un grido.

A questa richiesta, che si manifesta generalmente con un forte senso di mancanza, possiamo reagire in due modi diversi. La prima reazione è quella di rifiutare la chiamata, e cioè far finta di nulla. Qui il pericolo diventa altissimo, perché un modo per rifiutarla è confondere il desiderio «di altro» con il desiderio «di un altro». Conosco moltissime persone che hanno mandato all'aria la loro unione per ritrovarsi in un'altra storia perfettamente identica. Quello che gli veniva chiesto era un cambiamento interno che hanno confuso con il bisogno di cambiare partner. Se una relazione non funziona, non basta chiuderla e iniziarne una nuova: è necessario comprendere il senso di quanto è accaduto e cogliere l'occasione per andare in profondità dentro se stessi.

La seconda reazione è quella che apre a nuove opportunità. In questo caso riconoscerete la chiamata e inizierete il più bel viaggio che possiate fare, quello che porterà alla luce la vostra vera essenza.

Nei capitoli che seguono vi descriverò diverse tipologie di partner «sbagliati», partendo dal presupposto che in realtà non si tratta di persone «sbagliate» di per sé, ma di relazioni *considerate* «sbagliate», se ci si limita a una valutazione superficiale. È importante precisare che il libro si rivolge a tutti, uomini e donne, indipendentemente dal loro orientamento sessuale. Ho scelto di mantenere «tutti» nel titolo perché i temi sono strettamente correlati alla parte femminile della psiche, e anche perché è una delle domande che mi vengono poste più di frequente.

Partiremo quindi con un approfondimento sulla figura del narcisista, per poi parlare di amore tossico, masochismo emotivo e ossessione relazionale, da non confondersi con il vero sentimento.

Pronti? Via!

2
Ma quanti sono i narcisi?

«Ci siamo visti una volta e poi lui è sparito. Ha fatto ghosting, è un narcisista.»

«Sparisce, poi ritorna, non dice chiaramente quello che vuole. Sta facendo orbiting, è un narcisista.»

«Mi ha riempita di complimenti, corteggiata, desiderata, e poi più nulla. Mi ha fatto love bombing, è un narcisista.»

Sentire che il nostro sentimento non è ricambiato può causare dolore e, in alcuni casi, una profonda umiliazione, soprattutto se ce ne accorgiamo all'improvviso e non otteniamo una spiegazione. Quando accade, vogliamo che chi ci ha fatto del male si assuma le proprie responsabilità e, soprattutto, abbiamo bisogno della conferma che non è stata colpa nostra se la storia è finita, che *noi* non abbiamo sbagliato nulla. Spesso, dare del narcisista a chi ci ha feriti, abbandonati o rifiutati è la scorciatoia più rapida per liquidare la questione, ma esistono altre ipotesi. Per esempio:

- se lui (o lei) è sparito/a dopo il primo incontro, è possibile che la serata non sia andata bene e preferisca non dirlo esplicitamente;
- se non vi cerca, forse pensa che non ci sia una relazione e non sente la necessità di mantenere un contatto tra un incontro e l'altro;

- se dopo il corteggiamento è cambiato, può anche darsi che si sia esaurita la fase dell'innamoramento.

Si tratta comunque di comportamenti destabilizzanti (comportamenti che possono essere messi in atto sia da uomini che da donne), segno di una certa immaturità affettiva e relazionale, ma non per questo necessariamente narcisisti.

Vi invito a riflettere su questi punti:

- non tutte le persone che non vogliono stare con noi sono narcisisti;
- non tutte le persone che non vogliono una relazione sono narcisisti;
- non tutte le storie che non funzionano hanno a che fare con narcisisti;
- non tutti quelli che ci lasciano sono narcisisti.

Se state leggendo questo libro, è molto probabile che vi sia successo di avere a che fare con veri narcisisti e che stiate già obiettando: «Sì, sarà pur vero, ma a me è capitato che...»

Incontrare una persona con un disturbo narcisistico di personalità non è del tutto improbabile: ne soffre il sei per cento della popolazione (dati riportati nel *Manuale diagnostico e statistico dei disturbi mentali, Dsm-5*). Una percentuale né esigua né elevata. Sufficiente a mettere chiunque nelle condizioni di imbattersi in un narcisista, ma non abbastanza alta da estendere l'etichetta di narcisista a tutte le persone che incontriamo. Per questo, se volete fare chiarezza su quello che vi è accaduto, armatevi di santa pazienza, leggete le pagine che seguono e provate a ritrovare la fiducia nell'altro (che sia di sesso opposto o uguale al vostro). Se una storia è andata male non vuol dire che sarà così anche la prossima volta.

Chi era Narciso

Narciso era un fanciullo bellissimo, ma così arrogante ed egocentrico da non essere capace di amare nessuno. Un giorno, mentre si trovava in un bosco, una ninfa di nome Eco lo vide e se ne innamorò perdutamente. Narciso rifiutò le attenzioni della ninfa e gli dèi, per punirlo, lo condannarono a innamorarsi della propria immagine riflessa in uno specchio d'acqua. Quando Narciso si avvicinò a una fonte, sporgendosi, vide la propria immagine e cercò in tutti i modi di afferrarla. Dopo numerosi e vani tentativi, cadde in acqua e morì annegato.

Alla sua morte, nel medesimo luogo sbocciò un fiore che prese il suo nome: il narciso.

Dal mito appaiono chiare le caratteristiche di un simile carattere: l'arroganza, la presunzione, l'egocentrismo e una sostanziale incapacità di amare.

Le persone che mostrano il disturbo narcisistico di personalità in genere presentano alcuni attributi comuni. Il narcisista è superficiale, sempre pervaso da un senso di superiorità. Ha bisogno di stare al centro dell'attenzione e non è capace di provare empatia. Ha la presunzione di essere unico e speciale, è preso da fantasie di successo, potere e fascino illimitati. Idealizza l'amore. È molto sensibile alle critiche e si preoccupa esageratamente delle apparenze. Spesso prova invidia, manipola gli altri e avverte un eccessivo bisogno di controllo. Ancora, tende ad approfittarsi delle persone per raggiungere i propri scopi, ha rigide aspettative nei confronti degli altri e ha paura di mostrare insicurezze o vulnerabilità.

Non è semplice rapportarsi con una persona con queste peculiarità, ma avere un disturbo di personalità è una cosa, dimostrare un tratto narcisistico è un'altra. Chi ha un disturbo di personalità non può essere diverso da come è (a meno di un profondissimo lavoro su se stesso, che richiede anni e non dà garanzia sui risultati) e, soprattutto, percepisce i propri comportamenti come del tutto normali. Il suo non è un modo di fare, ma di essere. Lui (o lei) è così sempre e con tutti e non può essere diverso, almeno fino a quando non prende coscienza di sé (cosa molto difficile).

Chi invece presenta uno o più tratti narcisistici può giungere a un cambiamento perché è più probabile che riconosca nel suo modo di rapportarsi un aspetto che non funziona e che senta il desiderio di cambiare. Nei paragrafi che seguono spiegherò meglio le differenze.

A ciascuno il suo

Almeno una volta nella vita è capitato a tutti di avere a che fare con un narciso. Di solito, ne usciamo ammaccati. Ma non tutte le forme di narcisismo sono dannose: esiste anche un narcisismo positivo, non patologico, grazie al quale possiamo costruire una sana autostima, attribuirci il giusto valore, proteggere la nostra dignità ed essere gratificati per i successi raggiunti.

Dopo questa premessa, vorrei fare chiarezza sul termine «narcisismo», una parola sempre più abusata e a volte travisata. Partendo dal presupposto che tutti abbiamo tratti narcisistici, possiamo identificare cinque gruppi di persone, a seconda del livello di narcisismo che le caratterizza.

1. *Narcisismo sano.* Questa prima forma appartiene a ognuno di noi ed è ciò che ci garantisce una certa dose di autostima, la possibilità di creare relazioni e di mantenere un'adesione adeguata al nostro sistema di valori. A chi non piace ricevere complimenti dalle persone che ama? Fa parte del gioco tra amanti dirsi frasi dolci e provare ammirazione. Almeno finché non diventa uno stile relazionale. Chi supera questo limite fa parte del livello successivo.
2. *Narcisismo infantile.* Questo tipo di narcisismo si basa sulla soddisfazione o gratificazione dei bisogni. Le relazioni create sono simili a quelle instaurate dal bambino che, per sua natura, è richiedente, insaziabile ed esigente. Gli individui caratterizzati da un narcisismo infantile non solo hanno un forte bisogno di attenzioni e approvazione, ma se non le ricevono le pretendono con arroganza.
3. *Narcisismo fragile.* Chi fa parte di questa categoria si contraddistingue per bassa autostima, senso di inferiorità e bisogno di conferme. I vissuti prevalenti sono legati alla vergogna e all'invidia che si scatenano dal confronto con gli altri.
4. *Narcisismo arrogante.* In questo caso, il bisogno di elogi e ammirazione è continuo. Si tratta di individui totalmente egocentrati e privi di empatia. Si sentono onnipotenti, hanno sentimenti di superiorità e nei rapporti avanzano pretese irrealistiche.
5. *Narcisismo maligno* e *Triade oscura.* A quest'ultima categoria appartengono le varianti estreme del narcisismo, cui si aggiungono la psicopatia e il machiavellismo. Sono persone che

stabiliscono rapporti in cui dominano il controllo, il sadismo, la violenza e la manipolazione. Nel caso della Triade oscura, creano rapporti così manipolativi da indurre la vittima a dubitare di se stessa e della realtà in cui vive. Dopo un rapporto di questo genere, la persona abusata psicologicamente avrà bisogno di un lungo percorso terapeutico per ritrovare un equilibrio e tornare a fidarsi di se stessa e degli altri.

Come ho scritto all'inizio del capitolo, sono convinta che nei casi estremi il narcisismo debba essere affrontato con un terapeuta. Un narcisista patologico non è assolutamente in grado di creare relazioni sane, e trattarne dinamiche e conseguenze esula dallo scopo di questo libro. I rapporti che crea chi è ingabbiato in queste forme estreme sono caratterizzati da abusi, violenza e controllo. Di conseguenza, chi vi rimane invischiato può aver vissuto un'esperienza traumatica nel passato o presenta una fragilità antica che deve essere ancora affrontata e risolta.

Leggendo le cinque descrizioni, vi sarà ormai chiaro che tutti abbiamo tratti narcisistici; è per questo che i narcisisti sono (in realtà *siamo*) tanti. Ciò che, quindi, contraddistingue ognuno di noi non è la presenza o l'assenza di un tratto narcisistico, ma il livello raggiunto e, soprattutto, la capacità di questo tratto di incidere nelle relazioni che ogni individuo crea intorno a sé. Una certa dose di narcisismo è normale e utile, mentre quando è eccessivo o carente possiamo avere difficoltà nel rapportarci agli altri.

Quindi, definizioni a parte, cosa distingue un narcisismo sano da uno patologico? Prima di tutto la qualità delle relazioni, poi la capacità di provare gratitudine, instaurare rapporti autentici e reciproci, provare un genuino interesse per l'altro, essere capaci di amare, riuscire a perdonare l'imperfezione propria e altrui.

Se vi è capitato di avere a che fare con soggetti narcisistici, ecco un buon accorgimento: è utile sapere che spesso gli incastri sono reciproci. Per usare una similitudine che possa chiarirvi le idee potremmo dire che se lui (o lei) ha un amo con cui vi aggancia, voi avete sicuramente un anello, altrimenti l'amo non si attaccherebbe.

Già percepisco l'obiezione nella mente di qualche lettore: «Quindi adesso la colpa è mia, dopo tutto quello che ho passato?!» Rispondo in modo altrettanto diretto: no, assolutamente no. Ma aggiungo: pensare che la colpa sia tutta dell'altra persona non vi aiuterà a stare meglio, se non nell'immediato. Finché non avrete compreso dove si trova il vostro anello, non potrete rimuoverlo. Ad ogni modo, se pure ci fosse una vostra responsabilità, non sarebbe importante. La cosa che più conta, anzi l'unica, è che riusciate a liberarvi di tutto ciò che si frappone tra voi e una relazione corrisposta e soddisfacente.

Tenetelo bene a mente, poiché quando soffriamo a causa di una relazione, al di là della diagnosi di narcisismo, dare un senso a quello che è successo è il modo più efficace per superare il dolore e renderlo accettabile.

Se, invece, vi trovaste in una situazione un po' più complessa, tanto da rendervi conto di essere incappati nella rete di un narcisista patologico, allora sarebbe opportuno chiedere aiuto a un professionista. Le conseguenze di un rapporto disfunzionale sono devastanti; leggere un libro o documentarvi sul web non è sufficiente per ritrovare l'equilibrio e la fiducia. Per quanto possiate acquisire e comprendere ogni dettaglio, quando si tratta delle tecniche e delle strategie di un narcisista sarà molto più complicato accedere alle vostre dinamiche interne, quelle che inconsciamente vi trattengono o vi hanno trattenuto nella sofferenza. Per questo motivo, vi invito a valutare un percorso personale, al fine di evitare che possa accadere di nuovo. Leggere i capitoli successivi sarà comunque un ottimo inizio, il primo passo di un cammino più lungo e complesso verso la piena consapevolezza.

Amore e narcisismo

Quando pensiamo a un narciso tendiamo a immaginare che sia capace di amare soltanto se stesso, ma si tratta di un luogo comune: i narcisi non sono in grado di amare neppure loro stessi. Non sanno davvero chi sono, non sono capaci di osservarsi in profondità, di conoscersi realmente. Tale incapacità impedisce loro di amarsi. Quella di cui si innamorano è la loro immagine, nient'altro. Imparare a conoscersi significherebbe, infatti, liberarsi dal narcisismo.

Nel mito, Narciso muore nel momento in cui comprende che il fanciullo che vede non è altro che se stesso. Si conosce e si riconosce. Questa parte della storia sottolinea proprio come la conoscenza di sé sia la strada per superare una condizione non sana.

I narcisi hanno inoltre un'altra caratteristica incompatibile con l'amore: non sanno distinguere l'illusione dalla realtà. Narciso si innamora di un'immagine, non di una persona reale. È proprio quello che accade in molte relazioni, quando non siamo capaci di distinguere la persona reale dal frutto delle nostre proiezioni. Succede a moltissimi uomini e donne, quando non possono o non vogliono vedere la situazione per come è e preferiscono cullarsi nelle proprie illusioni, continuando ad attribuire alla persona amata qualità inesistenti.

La frase «dopo vent'anni ho finalmente capito chi avevo accanto» è spesso la drammatica conclusione a cui arriviamo quando il legame che ci ha unito era di tipo narcisistico. Se è vero che un narciso può essere un bravo attore e recitare il ruolo del coniuge perfetto, è altrettanto vero che non possiamo negare di essere in parte responsabili dell'accaduto, non essendoci resi conto di nulla per tanto tempo. In genere accade che, dopo il «risveglio», congiungiamo i puntini e comprendiamo di esserci affidati più a un'idea che alla realtà. Questa sensazione di esserci svegliati all'improvviso da un sogno è la prova che fino a quel momento abbiamo vissuto con il partner in una sorta di torpore, tipico di una relazione narcisistica.

Eppure, nonostante i narcisi non siano in grado di amare e non sappiano creare relazioni reciproche, hanno un estremo bisogno degli altri per ricevere le conferme che desiderano e per evitare il contatto con se stessi.

Nelle pagine che seguono vedremo in quanti e quali modi costruiscono relazioni. Si tratta in ogni caso di un rapporto in cui l'altro ha una funzione di regolazione dell'autostima o, peggio, viene usato e sfruttato per il soddisfacimento dei propri bisogni.

A questo punto le vostre conoscenze di base in tema di narcisismo sono sufficienti affinché possiate comprendere gli esempi che seguiranno, esempi di «incastri» tra persone con tratti narcisistici.

Una trattazione approfondita del tema esula dagli scopi di questo libro, che ha piuttosto l'intento di spiegare i modi in cui due persone possono rimanere invischiate in una relazione narcisistica.

3
Incastri narcisistici

«Oh, no... un altro narciso!»

Come avrete ormai capito, niente accade mai per caso. Se appartenete alla categoria di persone che hanno spesso a che fare con donne o uomini con tratti narcisistici, questa è l'occasione buona per capire in che modo si creano alcuni incastri.

La storia di Sonia è un fantastico esempio di quel che può accadere e spiega come poterne uscire.

«Mi ero innamorata di Gianfranco quando avevo trent'anni. Ero devastata da una relazione che mi aveva lasciata senza forze. Lo avevo conosciuto a una fiera e mi era apparso come un miraggio: dolce, gentile, premuroso e affascinantissimo. Mi era stato vicino per molti mesi prima di chiedermi di uscire. Non mi aveva detto subito che era sposato e che aveva tre figli, lo aveva confessato quando ero ormai troppo coinvolta per tirarmi indietro. L'idillio durò poco. Già qualche settimana dopo l'inizio della relazione, cominciò il tormento. Aveva smesso di chiamarmi con la regolarità dei primi tempi. Aspettavo per ore le sue telefonate e mi disperavo per le sue assenze. Poi sono iniziati i tradimenti, mai confessati ma evidenti per una donna innamorata. Gianfranco mentiva, spariva e io cercavo di ritrovare in tutti i modi l'uomo che avevo conosciuto. Lo volevo a ogni costo, ma lui non c'era più.

«Uscivo anch'io con altri uomini, per liberarmi di lui, per vendetta, per avere la conferma che in me non ci fosse nulla di sbagliato. In fondo al mio cuore sapevo di valere molto e avevo bisogno che lui me lo riconoscesse, come aveva fatto quando ci eravamo conosciuti. Cercavo una via d'uscita, qualcuno che mi tirasse fuori da quel baratro, qualcuno che potesse sostituirlo. Appena è tornato da me, sono sparita come aveva sempre fatto lui fino a quel momento. Ma lui non mi ha rincorsa ed è finita così. O almeno lo credevo. Due anni dopo, quando Gianfranco mi ha cercata di nuovo, ero lì per lui, pronta ad accoglierlo a braccia aperte.

«Subito dopo il suo ritorno, sembrava funzionasse davvero. Le nostre telefonate erano intense e coinvolgenti. Mi chiedeva della mia vita, di cosa facessi durante il giorno, dei miei programmi. Ascoltava con trasporto ogni mia parola, le storie che raccontavo, i miei successi. Era la prima volta che qualcuno era felice di farlo; prestava così tanta attenzione a quello che facevo! Voleva conoscere i dettagli e mi riempiva di complimenti. Solo dopo parecchio tempo ho realizzato che si beava dei miei successi soltanto per alimentare il suo ego.

«Inoltre, ripensandoci a posteriori, mi sono accorta che, per quanto divertito e partecipe, Gianfranco non parlava mai realmente di se stesso. Lui mi raccontava fatti e situazioni, anche in modo accurato, ma riletti con il senno di poi non avevano alcuna profondità né contenuto. Mi chiamava saltuariamente. Tra un incontro e l'altro non mostrava molto interesse a sentirmi, anche se rispondeva alle mie telefonate e ai miei messaggi.

«A un certo punto ho pensato di chiarire la nostra posizione chiedendogli cosa preferisse fare. Per me andava bene anche una frequentazione occasionale, ma volevo avere le idee chiare sul tipo di rapporto che stavamo costruendo. Gianfranco aveva sorriso con indulgenza e aveva risposto prontamente che era disposto a sentirci con regolarità. Per quanto riguardava le uscite, al di fuori del sesso, per lui andava benissimo aumentare la frequenza dei nostri incontri; in questo modo avremmo soddisfatto sia la parte sessuale che quella di conoscenza, anche se, aveva aggiunto, il sesso era comunque un modo per conoscersi.

«Io ero restia a vederci più spesso: sapevo che non saremmo mai andati molto al di là del sesso e avevo timore di rimanere troppo coinvolta. Inoltre, conoscevo i miei limiti: un'attività sessuale troppo intensa mi avrebbe fatto perdere in fretta l'interesse. In più, il mio desiderio sessuale, pur essendo intenso, non era così forte da richiedere più incontri. Vivevo tra due pensieri opposti: volevo vederlo di più e *non* volevo vederlo di più. Avrei voluto che fosse lui a spingere in questa o quella direzione, così da non dover essere io a decidere. Ma non l'ha fatto e così abbiamo continuato con una frequentazione piuttosto diluita. Questa cadenza mi consentiva di mantenere un certo controllo sulle mie emozioni ed evitare un eccessivo coinvolgimento, che mi avrebbe destabilizzata e fatta cadere in balia delle mie paure. Non mi fidavo di lui, in diversi momenti avevo avuto la chiara percezione che mi mentisse. La distanza tra gli incontri mi permetteva di prendermi soltanto la parte piacevole della storia.

«Ma Gianfranco era la stessa persona: le stesse modalità, le stesse bugie, gli stessi sotterfugi. Ed ero la stessa anch'io: le stesse paure e gli stessi bisogni, soltanto più consapevole. Dopo qualche mese, eravamo tornati al punto in cui ci eravamo lasciati: un gioco al massacro in cui non c'era più nemmeno l'ombra dell'amore, che forse non c'era mai stato davvero.»

Se è tutto così perfetto che non vi sembra vero... probabilmente *non è* vero

«Tu sei perfetta, per questo ti amo»: la personalità ideal-hungry

Quando siamo innamorati tutto è meraviglioso e straordinario e non può che essere così, altrimenti, con molta probabilità, nessuno si sposerebbe o creerebbe relazioni stabili. Superata la fase dell'idealizzazione, cominciamo a vedere l'altro in modo più obiettivo. La mente, non più «drogata» dall'ossitocina, dall'adrenalina e dalle endorfine, torna a funzionare in modo equilibrato e comincia a vedere la persona per quello che è, il che può causare una forte frustrazione a chi ha bisogno di vivere sempre in uno stato di esaltazione.

All'amante di Sonia è accaduto proprio questo. Finita l'idealizzazione ha perso velocemente interesse ed è tornato a essere ciò che era sempre stato: una persona senza alcun trasporto per gli altri o per le relazioni, alla continua ricerca di quelle forti emozioni che l'innamoramento garantisce.

L'amore è un sentimento straordinario, ma il batticuore e la passione incontenibili non possono durare in eterno: sarebbe troppo impegnativo per il nostro corpo e per il nostro cervello. Se fossimo sottoposti a lungo e costantemente alle stimolazioni tipiche della prima fase, non saremmo più in grado, a distanza di tempo, di occuparci di tutto il resto. Sarebbe come vivere per sempre sotto l'effetto di una potente droga. Per questo, prima o poi, l'emozione deve evolvere.

Per costruire un rapporto di lunga durata, deve diventare più calda e più stabile. Per qualcuno la trasformazione è impossibile da accettare. Alcuni preferiscono vivere in un eterno stato di innamoramento, hanno bisogno di emozioni intense e per ottenerle passano da una storia all'altra. L'incontro con la persona reale e il conoscerla più nel profondo sono aspetti meno importanti dell'adrenalina di cui necessitano per sentirsi vivi.

Uno dei drammi delle persone che presentano un importante tratto narcisistico è il senso di vuoto che le attanaglia; per sfuggirlo, devono sfuggire da loro stesse e dall'intimità. L'idealizzazione è un ottimo modo per stare con qualcuno, senza tuttavia avere una vera relazione. Il compagno non è quello reale, ma l'immagine idealizzata che ci si costruisce nella mente. Si tratta, quindi, non di un rapporto a due, ma di una relazione con se stessi, in cui l'altro è semplicemente un contenitore in cui si riversano le proprie proiezioni. Non appena il partner si discosterà dall'ideale di perfezione (e prima o poi accadrà), manifestandosi per quello che è, il velo si squarcerà, deludendo le aspettative. Non è necessario che faccia davvero qualcosa.

La personalità ideal-hungry (letteralmente, «affamata di idealizzazione») deve idealizzare il partner. Anche se tutto rimanesse invariato, come i primi giorni, la noia, inesorabilmente, subentrerebbe nel rapporto. La conseguenza è piuttosto prevedibile: i partner saranno spinti a chiudere presto la relazione per potersi guardare intorno. Sposteranno lo sguardo alla ricerca di un'altra avventura, proprio come è accaduto all'amante di Sonia. Un rapporto basato sull'idealizzazione non può stemperarsi per gradi, termina sempre con una frattura dolorosa e improvvisa, che lascia l'abbandonato in uno stato di smarrimento. Anche se di solito, in realtà, quando la separazione arriva è già stata meditata e preparata. Ci sono piccoli segnali che ci fanno presagire la rottura, ma sono spesso sottovalutati o passano inosservati. È la tipica reazione di chi cerca di negare ciò che sta accadendo, nel tentativo di evitare una fine catastrofica.

«Specchio delle mie brame...»

Il bisogno di sentirsi unici e speciali: la personalità mirror-hungry

«Lui mi ha abbandonata ancora una volta. Sono stanca delle mie storie che finiscono tutte nello stesso modo, voglio capire cosa succede alle mie relazioni.» Me lo ha detto di recente Sonia, ma nelle sue parole ho sentito l'eco di tante situazioni simili in cui mi sono imbattuta.

In realtà non si tratta soltanto di capire come una storia finisca, ma anche come inizi e soprattutto come si svolga, se vogliamo dare un senso a quello che accade.

Analizzare le storie precedenti è utile per comprendere le dinamiche che attiviamo nei rapporti. Durante gli incontri con Sonia abbiamo analizzato le sue relazioni e, andando a ritroso, siamo risalite ad alcuni pattern (schemi, modelli) relazionali. I tratti man mano emersi sono quelli tipici della personalità mirror-hungry (letteralmente, «affamata di specchio»). Si tratta di un tipo di narcisismo in cui la presenza dell'altro è funzionale al mantenimento di un'alta autostima. Il suo narcisismo, ancora immaturo, le impediva di osservarsi con obiettività, e di conoscere il suo autentico valore. Come nella fiaba di Biancaneve – dove la matrigna chiedeva ogni giorno al suo specchio chi fosse la più bella del reame per sentirsi dire: «Sei tu, mia regina» –, anche Sonia era appagata dalle quotidiane conferme che riceveva dal suo amante.

I problemi erano iniziati quando lo specchio si era rotto: nell'istante in cui era andato in frantumi, anche lei era distrutta, in mille pezzi. Sonia aveva bisogno di essere ammirata e adorata. Cercava negli altri un'immagine riflessa positiva di se stessa.

Se leggendo avvertite una necessità più o meno simile, niente paura. Il bisogno di essere riconosciuti, amati e ascoltati è piuttosto comune e naturale. In una relazione ci aspettiamo che l'altra persona rifletta la nostra autostima e lo faccia accogliendo e interessandosi ai nostri sentimenti, alle nostre azioni, alle opinioni, ai desideri e alle preoccupazioni. Una buona sintonia è fondamentale nella relazione e ci dà la sicurezza di essere compresi e accettati dall'altro. E allora che differenza c'è tra questo bisogno naturale e quello percepito da Sonia? Nel suo caso, ricevere ammirazione e adorazione era l'unico modo con cui rapportarsi all'altro. Era così concentrata sulla soddisfazione di questo bisogno da non comprendere che la sua non era una relazione funzionale. Questo atteggiamento non le donava nulla di buono: soffriva, si devastava, ma rimaneva in quella tortura, perché ne era diventata dipendente. Nonostante il suo rapporto fosse totalmente privo di sostanza e vivesse nella frustrazione, non riusciva a rinunciarvi.

Alcuni comportamenti che mostriamo nell'età adulta hanno radici profonde; le origini vanno ricercate nella prima infanzia. Ne sono un esempio i bisogni del bambino: se, a suo tempo, non sono stati soddisfatti nella maniera adeguata, le relazioni future potranno essere vissute con lo scopo di colmare le lacune. Un bambino dovrebbe crescere in un ambiente sicuro, in grado di fornire tutte le certezze di cui ha bisogno. Dovrebbe sentirsi libero di amare, di essere ricambiato. Dovrebbe potersi esprimere liberamente e sentire che l'amore ricevuto è incondizionato, sentire l'approvazione delle persone che lo circondano, poter contare sull'aiuto e il supporto. Dovrebbe avere la certezza che non è necessario che faccia nulla per essere amato, che andrà bene a prescindere. Un adulto che non abbia vissuto nei suoi primi anni di vita esperienze del genere potrebbe avere la tendenza a cercare qualcuno in grado di fornire le risposte di conferma e approvazione mai avute. Altri individui con il medesimo passato alle spalle potrebbero reagire inseguendo qualcuno da idealizzare. Infine, ci sarà chi indirizzerà questa ricerca verso soggetti simili, una sorta di alter ego, con cui sentirsi al sicuro e sperimentare il senso di appartenenza.

Sonia faceva parte del primo gruppo, quello di coloro che nell'altro cercano conferma e approvazione. Aveva bisogno di essere ammirata, mentre il partner apparteneva alla seconda categoria e aveva bisogno di idealizzare Sonia.

Se anche voi sentite questo bisogno di ammirazione, se desiderate qualcuno che vi ricopra di attenzioni, se siete alla ricerca di uno specchio che vi dica quanto siete meravigliosi... fate attenzione: forse dentro di voi c'è un bambino in agguato pronto a mettersi nei guai, proprio come è successo a Sonia. Perché? Perché chi meglio del camaleontico narcisista può incastrarsi con un bambino o una bambina che ha tanto bisogno di conferme?

Lavorando sui suoi bisogni infantili e rinunciando a creare relazioni rispecchianti, Sonia è riuscita finalmente a cambiare il finale delle sue storie e a creare una relazione adulta.

«Io e te, una cosa sola»

Come in una bolla: la personalità merger-hungry

Stanno sempre insieme, condividono tutto, non hanno alcun segreto e vivono, così, in una bolla dove tutto è in apparenza perfetto e il conflitto non esiste. Chi vive rapporti di questo genere ha una personalità definita merger-hungry (letteralmente, «affamata di fusione»), caratterizzata dal costante tentativo di fondersi emotivamente con l'altro. Ci si unisce a un compagno o a una compagna per sentirsi completi, soddisfatti o felici.

La personalità merger-hungry spinge chi le sta accanto a sperimentare sicurezza attraverso la perfezione, da ricercare nel partner o nella relazione. Per comprendere anche questo aspetto è arrivato il momento di raccontarvi un'altra storia, quella di Sandro. Ecco la sua testimonianza.

«La mia compagna mi lasciò all'improvviso, dopo due anni insieme. Mi sembrava che le cose tra noi andassero bene, finché aveva cominciato a sottrarsi a qualunque tipo di intimità. Ma anche lì non avevo capito. Quando mi disse: "Domani vado via, non ti amo più", la sua decisione mi colse come un fulmine a ciel sereno. Lei, invece, ammise che ci stava pensando da tempo e mi pregò di non insistere. Non riuscii a mantenere la promessa e la cercai più volte, inutilmente. Un giorno, preso dalla disperazione, l'attesi sotto casa: volevo parlarle. Eravamo stati una coppia affiatata, come era potuto finire tutto così? La ragione c'era e aveva un nome: Marco. Mentre ero in macchina li avevo visti arrivare. Così scesi e le andai incontro; lei senza scomporsi mi presentò il suo nuovo fidanzato. Non c'era altro da aggiungere.

«Non fu semplice riprendermi, ci vollero parecchi mesi prima che sentissi riaffiorare la voglia di vivere. Pian piano ricominciai a uscire, a coltivare le mie vecchie passioni. Tirai fuori il mio brevetto da sub, abbandonato da quando eravamo andati a vivere insieme, e prenotai una crociera con immersioni nel Mar Rosso. Viola la conobbi sulla navetta che dall'aeroporto ci conduceva all'imbarco. Parlammo a lungo durante il tragitto, lei nel sedile davanti, io dietro. Prima di arrivare ci baciammo sulle labbra, di nascosto, spingendo il viso tra le due poltrone. Ridemmo per la posizione scomoda e poi scendemmo in fretta per seguire il gruppo, ciascuno il suo. Con dispiacere constatai, infatti, che non eravamo sulla stessa barca. Prima di seguire il mio gruppo mi voltai per salutarla ancora una volta e i nostri sguardi si incrociarono. Anche lei mi stava cercando. Lasciai la valigia per terra e corsi da lei, per un ultimo bacio appassionato, questa volta stringendola tra le braccia. Ci baciammo a lungo, fino a quando la guida non ci sollecitò: dovevamo imbarcarci.

«Non smettevo più di pensare a lei. Nella fretta non ci eravamo neppure scambiati i numeri di telefono e io non sapevo come rintracciarla. Mi veniva in mente in ogni momento. Desideravo rivederla, fare immersioni con lei, condividere quelle meraviglie. Mi sembrava un segno del destino, un'incredibile coincidenza che non potevo non considerare. Dopo tre giorni, durante un'immersione, il nostro comandante mi chiamò e ridendo mi disse: "Quella è la barca della tua fidanzata." Non riuscivo a crederci, un'altra incredibile coincidenza. Non potevo più aspettare.

«Mi feci accompagnare con il gommone e, senza pensarci due volte, chiesi al comandante della sua barca se potevo pagare la quota e imbarcarmi con loro. Viola non mi aveva ancora visto. Quando tornò dall'immersione mi trovò a bordo. Era sorpresa e felice, era tutto così magico e incredibile. Passammo ore a baciarci, sempre appiccicati, incuranti degli altri ospiti. Pensavamo di essere stati prescelti dalla fortuna e che, se gli altri non capivano la nostra gioia, era un problema loro. I miei occhi si perdevano nei suoi, le nostre bocche erano sempre vicine. Non c'era spazio per nessun altro: io e lei, lei e io. Avevamo moltissime cose in comune, gli stessi interessi, le stesse idee. Spesso quando parlavamo dicevamo le stesse frasi e ridevamo per la nostra fantastica intesa.

«Rimanemmo due settimane sul Mar Rosso, rimandando il problema di come gestire la nostra relazione al ritorno. Io vivevo a Londra e lei a Napoli, non sarebbe stato semplice. Preferivamo non pensarci. La vacanza si rivelò bellissima; al ritorno però fu necessario prendere una decisione. Dopo una settimana, non potevo più concepire la mia vita lontano da Viola. Feci subito i bagagli e mi trasferii a Napoli, a casa sua. Avevo qualche risparmio e non sarebbe stato un problema venire in Italia senza un lavoro. Eravamo felici insieme e il nostro amore sarebbe bastato a risolvere qualunque problema.»

Chi vive un rapporto totalizzante non alza mai lo sguardo dal partner, che diventa il suo unico e solo interesse. La distanza è annullata e il desiderio di vicinanza si trasforma in fretta, nella paura di essere abbandonati o di perdere l'amore. L'autonomia dell'altro è vissuta come pericolosa e sbagliata e qualunque desiderio al di fuori della coppia è considerato una minaccia. Il bisogno di stare insieme porta entrambi i partner ad allontanarsi da se stessi, dimenticando i bisogni individuali.

«Dopo qualche mese, qualcosa aveva iniziato a cambiare. Il desiderio sessuale di Viola era diminuito in modo evidente e io mi ero allarmato, visto quello che era accaduto nella mia storia precedente. Inoltre lei aveva cominciato a uscire, di tanto in tanto, con le sue amiche. Io a Napoli ero solo, avevo lasciato tutto per stare con lei e soffrivo, mentre lei si divertiva anche senza di me. Quando tornava facevo finta di nulla, e anche lei. Sapevo che intuiva il mio disagio, ma nessuno dei due diceva niente. Con il tempo Viola diventò sempre più insofferente, mi esortò a uscire, a farmi delle amicizie, a trovarmi degli interessi. Ma per me non c'era nulla di più bello che stare con lei e rimanevo sempre in casa pur di non perdere un solo minuto di tempo da trascorrere insieme.»

In genere, il primo ad allontanarsi in queste situazioni è il partner meno dipendente. Nel caso di Sandro, lui era legato a doppio filo a Viola: aveva un vincolo affettivo e lei era l'unico riferimento in Italia. Non aveva neppure un lavoro, e tornare a Londra non era più tra le sue possibilità. Viola cominciava a sentire il peso di un rapporto troppo esclusivo che, alla lunga, era diventato claustrofobico. Cercava di riprendersi i suoi spazi, ma insieme al desiderio di riconquistare un po' di libertà c'erano i sensi di colpa nei confronti di Sandro, dipendente da lei, in una città nuova e lontano da tutto e da tutti. La rabbia che lei provava era dovuta al senso di invasione e a una situazione in cui si sentiva intrappolata.

Il sentimento che domina in questa fase del rapporto è l'ambivalenza affettiva, un mix di amore e odio, affettuosità e insofferenza dato dai bisogni opposti di attaccamento e dal desiderio di creare una distanza.

Si realizzano così quelle condizioni per cui è difficile continuare a condividere lo stesso spazio, ma neppure si riesce a stare lontani, come accade all'interno di quelle coppie di lunga data che, benché decidano di rimanere insieme, non hanno più una vita comune se non sotto lo stesso tetto, vite che diventano sempre più separate e alienate.

Quando l'allontanamento è impossibile perché desiderato ma temuto, la relazione si caratterizza per continui ed estenuanti battibecchi, controversie, frecciatine, e il sentimento d'amore è sostituito dal senso di rivalsa e da atteggiamenti difensivi.

Questo è accaduto a Sandro e Viola. Sono rimasti insieme, anche se a unirli erano ormai soltanto il ricordo del passato, la dipendenza e i sensi di colpa.

«Io e te siamo uguali»

Ti amo perché sei come me: la personalità alter ego

«È la persona che ho sempre cercato: abbiamo gli stessi interessi, ci piacciono le stesse cose, la pensiamo allo stesso modo, siamo uguali!» Chi vive una relazione di questo tipo non desidera un compagno o una compagna, ma un alter ego.

Chi non riesce a rapportarsi con chi è diverso da sé, chi ha bisogno di avere sempre ragione o percepisce la diversità, o un semplice punto di vista differente, come un ostacolo, ha un unico partner ideale: una persona che la pensi al suo stesso modo in tutto e per tutto. Questa «uguaglianza» mette fine ai litigi, alle negoziazioni, all'andarsi incontro, ai compromessi, ma anche alla possibilità di una crescita personale.

Per conoscerci ed esprimerci abbiamo bisogno di confrontarci con il diverso. Se la persona che abbiamo accanto è un nostro clone, il rischio è la stagnazione. E non è tutto: il vero punto da analizzare è il motivo che ci ha spinti a scegliere un determinato partner (così simile a noi) anziché un altro.

Può accadere di innamorarsi di qualcuno a cui somigliamo, anche in modo piuttosto marcato ed evidente. Anzi, non di rado sono proprio queste similitudini a farci innamorare. Diverso, invece, è quando vogliamo rapportarci soltanto con chi è simile a noi. In questo caso, come facciamo a renderci conto di trovarci a vivere una relazione narcisistica? La risposta è semplice: quando siamo in una relazione di questo tipo non amiamo l'altro per le sue caratteristiche proprie, che lo rendono ciò che è, ma esclusivamente per i tratti che coincidono con i nostri, quelli in cui ci rispecchiamo. Qualunque differenza la interpreteremo come una sorta di tradimento, soprattutto quando realizziamo che i sentimenti provati o il modo di amare possono essere molto diversi dai nostri. La fatidica frase «io non lo avrei mai fatto» implica una certa difficoltà nell'accettare che qualcuno possa avere comportamenti per noi del tutto inconcepibili. In questo tipo di relazione il patto implicito è «siamo uguali», e qualunque trasgressione è vissuta come una profonda delusione. «Non mi ami quanto ti amo io», «Non hai voglia di vedermi quanto lo voglio io», «Non ti va di sentirmi quando ho voglia di parlarti»: sono tutte affermazioni che dimostrano un'impossibilità a comprendere che ci si può amare pur essendo diversi.

Quali sono i fattori che ci spingono verso una relazione con un alter ego? Questo tipo di legame può offrire diverse garanzie. Innanzitutto, non dobbiamo sforzarci per comprendere il partner: se siamo uguali, vuol dire che funzioniamo allo stesso modo, quindi non è necessario che ci impegniamo nel tentativo di capire cosa pensi o cosa desideri l'altro. Non serve neanche avere capacità empatiche per comprendere i sentimenti dell'altra persona: è sufficiente pensare a cosa potremmo provare noi in quella situazione. L'empatia, ovvero la capacità di mettersi nei panni dell'altro per capire cosa provi, è pressoché impossibile per un narciso, che negli altri non vede che se stesso. In un rapporto con un alter ego, questa incapacità di essere empatici viene compensata dall'essere simili: per capire cosa prova il partner è sufficiente utilizzare se stessi come metro di misura. In virtù di questa possibilità (utilizzare se stessi come metro di misura per comprendere il proprio alter ego), molti narcisi sono convinti di essere empatici, ma un conto è pensare a cosa proveremmo se ci trovassimo al posto di un altro (meccanismo che alcuni narcisi evoluti riescono ad attivare), un altro è comprendere il mondo interno dell'altra persona e provare a capire cosa stia provando. In questo caso non si tratta semplicemente di immedesimarsi e comprendere il vissuto altrui, ma di riconoscere le emozioni e gli stati d'animo. Per un narciso è davvero troppo!

«Sono molto empatica» è l'affermazione di moltissime donne con tratti narcisistici – in questo caso il femminile è voluto, perché si tratta di un tema che riguarda in percentuale più le donne che gli uomini. In realtà, non abbiamo alcuna idea di ciò che il nostro uomo sta provando: è soltanto una persona con cui cerchiamo disperatamente di avere una relazione. Molte volte l'incastro è proprio questo: «Sono empatica, ecco perché mi capitano tutti narcisisti.» Sottintendiamo il fatto che abbiamo trascorso tanto tempo a tentare di capire un presunto narcisista. La verità, però, è quasi sempre un'altra. Nella frase c'è un fraintendimento di base; se fossimo state davvero empatiche, avremmo capito subito cosa provava il nostro uomo: non ci amava. Invece ci siamo immedesimate o abbiamo interpretato i suoi comportamenti a partire dal nostro modo di essere, senza tenere conto che lui non era noi. Soffermarsi su questo punto è fondamentale per uscire da dinamiche dolorose. Dobbiamo comprendere il nostro contributo, senza colpevolizzarci; conoscerci ed evolverci è il miglior risarcimento che possiamo ricevere alla fine di una storia, soprattutto se è stata devastante.

Nel prossimo capitolo vedremo quali sono le possibilità di cambiamento e quale percorso seguire per compierlo.

4
Un narcisista può cambiare?

Tra le tante domande che ricevo sui social, molte riguardano i narcisi (o almeno le persone ritenute tali). Tra le più gettonate:

- «Un narcisista può guarire?»
- «Il narcisista sa amare?»
- «Ma i narcisisti soffrono?»

Ecco, finalmente, grazie a questo libro, ho l'occasione di rispondere in modo puntuale.

«Un narcisista può guarire?»

La questione, in genere, mi viene posta da chi pensa che il partner sia un narciso e cerca di capire se ha qualche chance di farlo capitolare.

Se avete letto le pagine precedenti, dovreste aver ben chiara l'idea che con la parola «narcisista» si può dire tutto e il contrario di tutto. Il primo punto da stabilire, quindi, è se con il termine «narcisista» ci si riferisca a un disturbo di personalità (narcisistico) o semplicemente a un tratto della personalità. È una differenza fondamentale, poiché nel primo caso, ovvero quello del vero disturbo narcisistico, la persona considera il proprio modo di essere perfettamente adeguato. Chi è affetto da un disturbo di personalità non percepisce la sofferenza che ne deriva né il male che causa a chi gli sta intorno, soprattutto se ha scarsa empatia. Si sente bene ed è a proprio agio nei panni che indossa, non ha alcuna motivazione al cambiamento. E, forse, è anche giusto che continui a essere così. In altre parole, per quanto sia doloroso da accettare, ha il diritto di essere ciò che è, ma allo stesso tempo voi avete il diritto, altrettanto sacrosanto, di stargli alla larga!

È inutile dibattere sul comportamento di un narciso per indagare se abbia un atteggiamento giusto o sbagliato, lecito o meno. È tempo perso, poiché nessuno cambia o cambierà soltanto perché lo vuole qualcun altro. Tormentarsi sostenendo la tesi che è il narcisista a trovarsi nel torto non serve proprio a nulla, se non a provocarsi ulteriore dolore. Non si tratta di giustificare, ma di accettare quello che non si può cambiare.

Uno degli errori peggiori e più comuni è pretendere un'evoluzione, minacciando l'altro con frasi come «o cambi o ti lascio» e «se ti comporti così, allora io...».

Nell'immediato può anche funzionare, ma a lungo termine avrete due possibili esiti. Il partner potrebbe fingere di essere diverso per paura della vostra reazione. In questo caso, inizierà a fare tutto quello che gli chiedete, covando, però, rancore nel profondo. Gli effetti per la relazione saranno distruttivi. Il secondo scenario prevede invece che, non appena non avrà più paura della minaccia (perché con il consolidarsi del rapporto avrà acquisito maggiore sicurezza o non sarà più bisognoso), tornerà a essere quello che è sempre stato. Questo meccanismo spiega chiaramente perché alcune persone sembrano cambiare all'improvviso. Quando siamo di fronte a questa eventualità, le persone non cambiano, si svelano. Dopo un po' di tempo, quando cominciano a sentirsi al sicuro o a stancarsi del rapporto, buttano giù la maschera e si mostrano per ciò che realmente sono. Non è sufficiente dire: «È cambiato perché non è più innamorato.» Le persone possono essere gentili, accoglienti e amorevoli anche quando smettono di amare. Se chi avete accanto diventa all'improvviso un mostro, è molto probabile che lo fosse anche prima.

Tornando quindi alla domanda iniziale (in merito al fatto che un narcisista possa o meno guarire), la risposta è: dipende. Nel momento in cui si comprende di avere un tratto narcisistico, è possibile che nasca anche il desiderio di un cambiamento. Di certo non è sufficiente volerlo e basta. Superare le difese narcisistiche vuol dire affrontare paure profonde, e questo è possibile soltanto con l'aiuto di un professionista. Potete però iniziare un percorso di consapevolezza a partire da una delusione in amore.

Per moltissime persone, soprattutto donne, la passione è l'inizio di un viaggio verso la risoluzione di un tratto narcisistico, come è accaduto a Sonia. (Tra poco vi racconterò come è andata a finire.)

«Il narcisista sa amare?»

Avere una relazione con un narciso, uomo o donna che sia, non è semplice. Manca di empatia, è molto concentrato su se stesso e non si prende alcuna responsabilità. Prima o poi affiorerà alla mente la fatidica domanda: «Ok, ammettiamo pure che sia un narciso, potrà amarmi?»

Come ormai avrete appreso dalla lettura di queste pagine, amare significa innanzitutto desiderare di conoscere l'altro, profondamente. E significa anche voler esprimere se stessi attraverso l'amore, per ciò che davvero si è, sfruttando appieno il proprio potenziale. Questo un narciso non può farlo: non può amare esprimendo se stesso poiché non si conosce. È così preso dall'immagine di sé (non dal vero sé), dal personaggio che interpreta, dalla maschera che indossa, da non sapere più chi è davvero. Ancor meno è in grado di conoscere e riconoscere il partner per la persona che è realmente. Vede l'altro solo in funzione di se stesso. Può servirsi del partner per avere conferme o per soddisfare bisogni di ammirazione. Può idealizzarlo e innamorarsi, sfruttarlo per necessità economiche o per placare le proprie paure di solitudine. Può volerlo accanto per non fare i conti con il proprio vuoto. Può anche creare legami forti di attaccamento, ma tutto questo è molto distante da ciò che definiamo «amore».

Nei rapporti d'amore il partner non *serve* a qualcosa, è amato per ciò che è e non per quello che fa. Il narciso percepisce i rapporti come il bambino si rapporta con la mamma: ha bisogno di lei, non è ancora in grado di amarla davvero. Nel tempo, crescendo da un punto di vista affettivo ed emotivo, imparerà a relazionarsi a lei in quanto individuo diverso e separato. Apprenderà il significato della reciprocità e, se tutto andrà per il verso giusto, svilupperà la capacità di amare. Nei soggetti narcisisti questo passaggio non è mai avvenuto. Il loro modo di relazionarsi è rimasto quello dei bambini: vogliono che qualcuno soddisfi i loro bisogni di accudimento, di rispecchiamento o esibizionistici. Finché si rimane intrappolati nel narcisismo non si può amare l'altro e neppure se stessi, al massimo ci si può innamorare della propria immagine riflessa, esattamente come nel mito.

«Ma i narcisisti soffrono?»

Chi ha avuto una relazione con un narciso ha vissuto una dolorosa esperienza: ha constatato che la sua sofferenza non ha alcun effetto sul partner. Non provando empatia, rimane indifferente davanti al pianto e, a volte, anche davanti alla disperazione di chi ha ferito, più o meno consapevolmente. In questi momenti, cercare di restituire la pariglia sembra l'unico modo per fargli capire come ci si sente. Vi invito a riflettere sul fatto che diventare peggio di come siete, facendo agli altri ciò che vi ha feriti, vi porterà a diventare persone peggiori. Non si tratta di una questione morale, ma pratica. Scendere al livello di chi vi ha danneggiato legittimerà soltanto il suo comportamento. Il narciso arriverà alla conclusione che ciò che ha fatto va bene, perché lo avete fatto anche voi.

Sembra davvero che nulla tocchi i narcisi, ma devono lavorare molto per mantenere la facciata che hanno costruito. Quando non ricevono le conferme o l'ammirazione di cui hanno un bisogno vitale, sperimentano vissuti di grande sofferenza. La loro autostima è regolata dagli altri, fanno di tutto per ottenere consensi. La frustrazione che ricevono quando non ottengono ciò di cui hanno bisogno li fa cadere in crisi profonde. Non potendo amare davvero, incapaci di ricevere amore autentico, vivono intensi sentimenti di solitudine.

Fatta questa premessa, la risposta alla domanda «ma i narcisisti soffrono?» è: sì, decisamente. Soffrono per la frustrazione, la rabbia e la vergogna tutte le volte che l'immagine che hanno di loro rischia di frantumarsi.

Il narcisismo fragile

Siamo abituati a considerare il narciso un arrogante, egoista, pieno di sé, manipolativo, incapace di amare e di creare relazioni sane e durevoli, immerso nella propria grandiosità.

Esiste però un'altra tipologia di narcisista, meno nota ma altrettanto diffusa: il narcisista fragile. Questo individuo sperimenta intensi sentimenti di inadeguatezza e solitudine, è sensibile alla critica e teme la perdita e l'abbandono. Il narcisista fragile desidera fortemente una relazione, senza però riuscire a crearla. È inconsapevole del proprio contributo nel fallimento dei rapporti e tende ad attribuire la responsabilità all'altro. Al contrario, si vittimizza, s'incolpa, senza mai arrivare a una reale presa di coscienza.

Il profilo del narcisista fragile può essere delineato attraverso alcune caratteristiche peculiari. Innanzitutto, si tratta di persone molto vulnerabili, particolarmente sensibili ai segnali di separazione e che provano un'intensa paura dell'abbandono. Il narcisista fragile è alla ricerca di un amore ideale. Ha una grande difficoltà a costruire relazioni d'amore reciproche che funzionino nel tempo. Vuole un amore intenso e meraviglioso, che duri per sempre allo stesso modo. Inoltre, ha la tendenza a idealizzare l'altro. Tendenza che gli causa frequenti delusioni: incapace di riconoscere e accettare i limiti umani, può sentirsi facilmente tradito nello scoprire che il partner non è perfetto come lo aveva immaginato. Ancora, nell'elenco delle caratteristiche del narcisista fragile, troviamo un'autostima vacillante, sempre influenzata dalle risposte altrui, da cui scaturiscono sentimenti d'imbarazzo, vergogna, umiliazione e inadeguatezza.

Infine, non può evitare di confrontarsi con gli altri. La sua visione del mondo si costruisce in termini di vincitori e di vinti, di più o meno bello, di stupido o intelligente. Può usare le proprie disgrazie per sentirsi speciale, e non è in grado di comprendere fino in fondo i bisogni dell'altro. Qualunque tentativo di autonomia del partner può essere interpretato come un segnale di disinteresse e/o esclusione o come un oltraggio nei suoi confronti.

È molto probabile che rimanga intrappolato con un narcisista «grandioso» poiché vede in lui ciò che desidera per se stesso: una grande autostima (almeno apparente) e un certo disinteresse per le critiche da parte degli altri.

La realtà è che il narcisista fragile teme profondamente il legame, pur desiderandolo moltissimo. Scegliere partner problematici diventa una difesa e un alibi per non investire in una relazione più profonda, che vivrebbe come una minaccia.

«E se il narciso fossi io?»

Come ho tenuto a precisare nelle pagine precedenti, avere un tratto narcisistico non è un segnale di patologia: l'importante è imparare a comprendere in che modo le nostre fragilità compromettono le aree fondamentali della nostra vita. Non solo le relazioni affettive, ma anche quelle professionali, sociali e, soprattutto, il rapporto che abbiamo con noi stessi.

Nel momento in cui prende coscienza di sé, proprio come nel mito, il narciso muore e si apre all'altro. Il passaggio necessario per uscire dalla chiusura narcisistica è proprio questo: l'incontro con se stessi.

La storia di Sonia è l'esempio tangibile di come la fine di una relazione o la sofferenza in amore possano essere ottime occasioni per andare oltre gli aspetti narcisistici. Di seguito i passaggi più importanti della sua evoluzione.

1. *Prendere coscienza del ruolo avuto nella creazione dell'incastro*

«Quando ci siamo rivisti, ho pensato che potesse essere diverso. Soprattutto, che questa volta sarebbe stato per sempre. Ho creduto di poter vivere un amore immenso, totale e *finché morte non ci separi*. Ho pensato che avrebbe potuto crescere, smettere di tradirmi, essere presente nella mia vita. Ho creduto di poter far parte della sua e che volesse stare nella mia. Avevo bisogno di parlare con lui, di perdermi nei suoi abbracci, di sentire ancora la sua voce. Volevo sentirmi di nuovo speciale, come soltanto lui mi aveva fatta sentire.»

Ripercorrendo la sua storia, Sonia ha realizzato molto presto che quello che l'ha legata al suo amante era il modo in cui si sentiva quando erano insieme. Più che Gianfranco, amava la sensazione di totale appagamento che provava quando stavano bene insieme. Si perdeva nel suo sguardo, il suo corpo si abbandonava alle carezze. Con lui si è sentita libera di esprimersi e il piacere che ha provato le ha fatto perdere la capacità di osservare lucidamente la persona che aveva accanto. Era innamorata di un uomo che esisteva soltanto nella sua mente. O meglio, di un uomo che all'inizio era anche esistito, ma che poi era sparito, già da molto tempo.

Per Sonia era impossibile accettare che fosse così cambiato. Come poteva essere la stessa persona che aveva conosciuto alla fiera, che l'aveva corteggiata, aspettata per così tanto tempo? Chi era davvero: l'uomo che era tornato amorevole, improvvisamente e dopo tanto tempo, oppure l'uomo che l'aveva lasciata una seconda volta manifestando un disinteresse glaciale? Continuava a interrogarsi e, nel tentativo di capire, si stava ammalando. Voleva una risposta razionale alle proprie domande, risposta che non avrebbe mai ricevuto. Per uscire da quel dolore doveva dare un senso all'accaduto.

2. *Ritirare le proiezioni*

Fino al momento della separazione, Sonia non si era minimamente resa conto di chi fosse davvero il suo amante. Continuava a pensare all'uomo che aveva conosciuto e soffriva perché non riusciva più a trovarlo. Non voleva prendere coscienza del cambiamento, perché altrimenti avrebbe dovuto considerare il fatto che l'uomo che ora era davanti a lei non le piaceva per nulla. Continuava a proiettare su di lui le caratteristiche positive che aveva visto all'inizio e che le erano piaciute, senza riuscire a vederlo per come era diventato o per come si era rivelato. Solo dopo la fine della storia aveva cominciato a vedere i suoi aspetti spiacevoli, quelli che la facevano soffrire. Ma non appena li vedeva cercava di cancellarli, aggrappandosi disperatamente all'immagine che non voleva perdere.

«Gianfranco ha sempre avuto questo potere: quello di restituirmi la vita o di togliermela, devo ancora capire bene» mi ha detto una volta. «I suoi occhi, il suo sguardo penetrante hanno un potere magico, donano e tolgono la vita, sicuramente la mia, ma non credo di essere stata l'unica. Anzi, ho la certezza di non esserlo stata.»

Sonia ha attribuito all'amante il potere di farla sentire viva. Senza di lui perdeva vitalità, non aveva più accesso alle emozioni e a quella forza vitale. Si è disposta ad accettare situazioni di cui ora si vergogna, pur di non perdere la fonte di questa vitalità. Ma proseguendo nella conoscenza di sé ha scoperto che il tesoro era già suo, custodito dentro di lei, e che doveva soltanto ritrovare la chiave del forziere per potersene riappropriare. Doveva smettere di pensare che fosse Gianfranco l'artefice di tutto.

Soltanto dopo molto tempo è riuscita a vedere Gianfranco per quello che era davvero: un uomo vuoto, pronto a trasformarsi in ciò che lei voleva e che aveva un disperato bisogno di idealizzarla. È stato molto difficile per lei accettare la discrepanza tra ciò che credeva e quello che era davvero la sua relazione.

Il confronto con la realtà può essere difficile da accettare, soprattutto se siamo alla ricerca di qualcuno che ci porti lontano dalla sofferenza. Allontanarci dal mondo ci provoca un dolore ancora più grande e ci discosta dalla vita. Quando un giorno ci accorgiamo che il tempo è passato, ci rendiamo conto che molte cose sono accadute mentre eravamo persi nelle nostre fantasie.

3. *Rinunciare al soddisfacimento dei bisogni primari*

Sonia aveva bisogno di sentirsi importante per qualcuno; la parte bambina di sé, che non era mai stata accolta, pretendeva un risarcimento per ciò che non aveva avuto. Ecco cosa mi ha raccontato una volta:

«Sento una bambina piangere, di un pianto disperato. Sfinita, mi sdraio sul letto e mi appare un'immagine chiara. È seduta per terra con la schiena appoggiata contro il muro. Indossa un cappottino celeste di panno e scarpe di vernice nera. I suoi capelli castani le coprono in parte le guance e il volto. Guardo i suoi occhi tristi e duri allo stesso tempo. Mi fissa imperturbabile. Mi avvicino e mi inginocchio di fronte a lei, senza smettere di guardarla negli occhi. Lei sostiene lo sguardo senza dire una parola, senza alcun movimento. Mi chiedo cosa pensi o cosa stia provando e poi ricordo a me stessa che non può pensare a nulla: i bambini così piccoli non pensano. Forse tenta di capire cosa voglio o cosa cerco di fare. È attenta, senza però mostrare un particolare interesse. Non ho la più pallida idea di come approcciarla.»

Questa bambina compariva spesso nelle immagini spontanee di Sonia e anche nei suoi sogni. Capiva che era lei stessa, ma la sentiva irraggiungibile. Le sembrava impossibile da avvicinare. Eppure, aveva capito che era l'unica strada e che nessuno avrebbe potuto occuparsi di una parte così fragile e indifesa se non lei. Aveva chiaro che consegnare la bambina a un uomo era troppo pericoloso.

Pian piano, attraverso sogni guidati e una tecnica junghiana definita «immaginazione attiva», Sonia ha imparato a prendersene cura. Ogni volta che si avvicinava sentiva una parte del suo cuore ricomporsi. Voleva amare in modo adulto e aiutare la sua parte bambina a crescere era l'unica strada possibile.

4. *Fare i conti con il dolore e la paura*

All'inizio Sonia era molto preoccupata. Temeva di non poter rinunciare al bisogno di essere ammirata e adorata. Sentiva la mancanza dello sguardo penetrante di Gianfranco, delle sue parole che la ipnotizzavano, facendola sentire unica e insostituibile. Voleva essere speciale: aveva paura di sentirsi «normale», perché per lei equivaleva a essere «insignificante». Non poteva esistere lo straordinario nell'ordinario, non riusciva a concepirlo. Aveva bisogno dei superlativi: sei bellissima, bravissima, intelligentissima. Per poter mantenere l'autostima doveva rinnovare la dose ogni giorno e, in sua assenza, si sentiva una nullità. Era davvero convinta di aver bisogno di un uomo per poter pensare a se stessa come degna di amore e per avere conferma del proprio valore. Gianfranco le mancava moltissimo, ma ancora di più le mancava il modo in cui si sentiva quando c'era lui. Durante questo periodo non ricordava quasi nulla della sofferenza che aveva vissuto negli ultimi tempi. Era come se i ricordi spiacevoli fossero svaniti, lasciando spazio alla nostalgia per i momenti belli.

«È un'esplosione nel cuore» diceva per descrivere il suo dolore. «La sento arrivare da lontano, prima impercettibile e poi sempre più chiara e distinta. Sale dalla bocca dello stomaco e si espande nel petto, dilaga e invade tutto. Come se mancasse l'aria. Come se, dopo un lungo periodo di immersione sott'acqua, cercassi il modo per tornare a respirare. La bocca spalancata come fosse l'ultimo respiro, o il primo dopo un tempo infinito. Un messaggio, un semplice messaggio e tutto questo avrebbe fine.»

Più volte era stata sul punto di chiamarlo. Aveva dovuto combattere a lungo contro il desiderio e la mancanza. Ma anche la rabbia e, a tratti, l'odio erano stati nemici duri da sconfiggere. La vedevo piegarsi sotto i colpi delle emozioni violente, dibattersi per sfuggire, ma notavo anche una grande forza farsi strada in lei, man mano che combatteva coraggiosamente contro i suoi demoni.

È stato un percorso difficile, ma alla fine le sue ferite hanno smesso di sanguinare.

5. *Coltivare una sana curiosità e il desiderio di conoscenza di se stessi e degli altri*

Sonia ha imparato con il tempo a conoscersi, accettandosi per come è. Ha smesso di pensare di dover essere eccezionale e ha imparato a sentirsi unica, come ciascuno di noi. Ha scoperto che non è necessario essere perfetti e che, anzi, nessuno lo è. Quando commetteva un errore cercava il modo di riparare. Ha imparato ad amare le persone con i loro limiti, apprezzandone le qualità. Non è più caduta in balia delle emozioni, le ha vissute senza farsi travolgere. Ha riscoperto le sue passioni e allargato la cerchia di amici. Non aveva mai lasciato molto spazio alla vita sociale e ha iniziato a coltivarla. Ha cercato di costruirsi una vita completa in cui poter desiderare un uomo, ma fatta di tantissimo altro. Ha anche imparato a riconoscere le situazioni per lei potenzialmente pericolose e a evitarle, prima di farsi coinvolgere troppo.

Ora è capace di riconoscere le sue fragilità. Non si vergogna di avere esigenze e cerca il modo di soddisfarle in autonomia. Ha chiaro che appagare un bisogno infantile attraverso un'altra persona crea rapporti di dipendenza e non è più disposta a farlo. Sente che la responsabilità della sua vita è soltanto sua ed è soddisfatta delle sue scelte. Ha una buona opinione di sé e apprezza le proprie qualità. È in grado di riconoscere un apprezzamento sincero e sorridere con indulgenza davanti a quelli più ambigui.

Non teme più l'incontro con persone come Gianfranco: gli è grata per averle permesso di conoscersi meglio, ma di certo non è più interessata a costruire una relazione con lui. È consapevole adesso che una relazione narcisistica necessita di un incastro. Quando una persona così getta l'amo, lei non si aggancia più, perché ha trovato e rimosso l'anello.

6. *Confrontarsi in un rapporto alla pari*

Per Sonia l'ultima sfida è stata quella di rapportarsi con un uomo in modo paritario. Era la prima volta che le capitava e anche questa situazione non era priva di difficoltà.

Il nuovo incontro era avvenuto durante una cena con amici. Damiano era lì per caso, portato da uno degli ospiti. Era stata un'aggiunta dell'ultimo minuto e lui non conosceva nessun altro. Era un po' in disparte e Sonia aveva voluto scambiare qualche parola. Non era stato come le altre volte, non era divampato subito un incendio, non era stata travolta dalla passione e, soprattutto, lui non l'aveva guardata come una dea. L'aveva osservata con dolcezza e ascoltata incuriosito, ma era chiaro che non fosse pazzo di lei.

Lei gli aveva raccontato di sé e si era accorta di fare il solito gioco cercando di stupirlo snocciolando i suoi successi; non era riuscita a evitarlo. Lui aveva risposto in modo gentile, le aveva fatto i complimenti, ma non era rimasto impressionato. Sonia si era resa ben presto conto di avere difficoltà a mantenere una conversazione viva. Se non parlava del proprio lavoro e dei propri traguardi, se non cercava di stupire, se non riceveva apprezzamenti, non sapeva di cosa parlare con un uomo. Lui aspettava con pazienza che fosse lei a introdurre il tema della conversazione. Poteva rimanere in silenzio senza problemi, mentre lei era incredibilmente a disagio durante le pause. Quando lui se ne era accorto, le era andato in aiuto con qualche domanda. Lei gli era stata immensamente grata. Alla fine della serata lui l'aveva ringraziata, si erano salutati e scambiati i numeri di telefono. Lui non aveva detto una parola riguardo a un eventuale incontro futuro.

L'indomani, durante la nostra seduta, lei era stata categorica: «È ovvio che non gli interesso, altrimenti ieri sera mi avrebbe scritto appena rientrato.» Le ho fatto notare che era l'una di notte quando erano rientrati e che forse era solo una persona rispettosa, ma per lei quel comportamento non aveva senso. Era abituata a uomini che non avevano alcuna idea di cosa significasse avere dei confini e considerava una prova di interesse ricevere un messaggio nel cuore della notte da una persona appena conosciuta, anziché leggerla per quello che era: una difficoltà a darsi dei limiti e aspettare.

Il pomeriggio successivo, Damiano le aveva scritto un messaggio di ringraziamento e l'aveva invitata alla mostra di un amico. Sonia continuava a fraintendere e male interpretare i comportamenti di Damiano. Era stato così in moltissime occasioni. Lui però ci teneva e le spiegava con pazienza il reale motivo di quello che faceva. Sonia non era abituata a un dialogo tanto schietto e sincero. Era abituata alle menzogne, ai sotterfugi. Una comunicazione lineare e trasparente la disarmava.

All'inizio può essere difficile rapportarsi al partner senza adrenalina. Per quanto assurdo possa sembrare, un rapporto equilibrato viene considerato eccessivamente tiepido e si può scambiare la tranquillità con la monotonia.

Chi ha un tratto narcisistico ha incentrato la propria esistenza su alcuni aspetti e spesso ha una vita vuota. Chi non ha mai investito in relazioni profonde può provare un grande senso di solitudine e il confronto può essere destabilizzante. Ma Sonia era ormai fortificata e soprattutto aveva molto chiare le dinamiche. Aveva smesso di proiettare sull'altro caratteristiche che appartenevano a lei ed era in grado di distinguere chiaramente quando si trattava di lui o di proprie paure e bisogni. Insieme a Damiano ha imparato l'amore, e ad amare.

Con il consolidarsi del legame, ha dovuto però fare i conti con un altro drago: la paura di perdere l'altro, questa volta per davvero. Nei rapporti precedenti aveva sempre avuto paura dell'abbandono, come lo teme un bambino. Questa volta era l'adulto ad avere paura.

7. *Accettare l'incertezza*

Quest'ultima prova l'ha obbligata ad affrontare il bisogno di controllare tutto. Come approfondirò in seguito, per amare davvero è necessario fare i conti con una dura verità: l'amore non può dare certezze. Chi ha paura non può amare, perché una parte di sé, quella spaventata, non si farà mai coinvolgere nella relazione. Nessuno può garantirci che sarà per sempre, il massimo che possiamo fare è promettere che faremo di tutto affinché lo sia, ma sappiamo che prima o poi potrebbe esserci una fine. Se proprio vogliamo essere realistici, la morte, ospite inquietante della nostra vita, prima o poi arriverà comunque, e i conti con la separazione bisognerà farli. Nulla può essere eterno, tutto finisce, la vita stessa arriva al termine. Anche l'amore può cessare, ma non vuol dire che non abbia senso viverlo nel modo più intenso possibile.

Aggiungerei che proprio la consapevolezza che potrebbe finire ci spinge a impegnarci affinché ciò non avvenga, nel limite del nostro potere. Coltivare il sentimento, trattare il partner con gentilezza e amorevolezza, non ci offre la garanzia che duri per sempre, ma è il contributo che possiamo dare affinché continui il più a lungo possibile. Il resto è al di fuori del nostro controllo.

Chi vuole certezze assolute deve rinunciare all'amore.

5
L'amore tossico non esiste

È sorprendente l'enorme successo riscosso negli ultimi anni da alcune etichette: «amore tossico», «dipendenza affettiva», «persone tossiche» e molte altre. All'inizio mi sono chiesta come fosse possibile che formule così inappropriate potessero suscitare tanto interesse. Si tratta di espressioni ambigue, contraddittorie, che non descrivono il problema e creano confusione, eppure risuonano subito in chi le sente. «Sono una dipendente affettiva», «Mi capitano solo persone tossiche», «Sono intrappolata in un amore tossico», «Come uscire dalla dipendenza affettiva?» sono le frasi che più ricorrono nei messaggi che ricevo; chi le scrive è convinto di sapere davvero di cosa sta parlando, e crede di ritrovarcisi.

Come si può parlare di «amore tossico»? L'amore, se è davvero tale, non può esserlo. E come è possibile parlare di «dipendenza affettiva» se, nella maggior parte di queste relazioni, dell'affetto non c'è traccia?

Riflettendoci meglio, nel tempo, ho capito. Chi ha coniato queste formule (e ha comunque il merito di aver portato alla luce tematiche importanti) probabilmente le ha scelte perché dare a tali eventualità il loro vero nome sarebbe stato di certo meno popolare. Parlare di «dipendenza dalla sofferenza», «dipendenza dal rifiuto», «masochismo emotivo», «perversione relazionale» avrebbe creato forse un impatto troppo forte.

Così si è preferito edulcorare per portare l'attenzione sul tema facendo leva su alcune parole chiave come, appunto, «dipendenza» e «tossico». Il fatto che abbiano viaggiato di pari passo è stato solo un «incidente» di percorso.

Al di là delle denominazioni astratte, come mai queste problematiche relazionali sono così diffuse? E perché è difficile uscirne? Una risposta va ricercata nella formulazione della «diagnosi».

Nella nostra cultura l'idea del sacrificio è in qualche modo premiante. Se soffriamo per amore, è tutto giustificato. Anzi, spesso crediamo che amare significhi proprio penare e che chi non si dispera non ama davvero.

Inoltre, chi si trova in una relazione tormentata e non riesce ad allontanarsi accetta più facilmente di essere trattenuto in un rapporto disfunzionale, piuttosto che indagare sulla motivazione più profonda. È una spiegazione comprensibile a tutti e soffrire per amore è socialmente ben accetto. Se solo ci fermassimo a riflettere, però, risulterebbe chiaro che il vero problema di questi rapporti è una *mancanza* d'amore verso noi stessi. Però, fintanto che saremo convinti di star male per amore, non riusciremo a mettere fine a queste dolorosissime dinamiche.

In tutti i casi di sofferenza o violenza reiterata, non possiamo parlare d'amore. Nei rapporti di dipendenza nessuno ama davvero: dominano la paura o il bisogno, entrambi incompatibili con un sentimento che ha come scopo finale la libera espressione dell'individuo. Quando rimaniamo invischiati in relazioni disfunzionali, la persona che crediamo di amare non è quella che abbiamo davanti, ma una sua versione migliorata, la «versione 2.0», per capirci. Questa versione 2.0 è l'uomo o la donna per cui ci devastiamo, ma con tutta una serie di caratteristiche ottimizzate per le nostre esigenze: più affettuoso, più presente, più innamorato, più gentile, un più «qualcosa» che esiste solo nella mente del partner dipendente.

Anche il rapporto non è quello che vorremmo, in molti casi non esiste proprio o quantomeno è caratterizzato da dinamiche dolorose.

Se pensiamo di amare qualcuno, ma lo vogliamo diverso, allora non possiamo dire davvero di amare. Non dovremmo pretendere altro; dovremmo volere il partner per come è, non per come potrebbe o *dovrebbe* essere. Lo scopo è scoprirci ogni giorno e sentire, in questa scoperta, accrescere il sentimento. L'altra persona va amata in tutta la sua interezza, pur riconoscendone i limiti e le fragilità.

Cosa dire allora delle relazioni in cui ci si fa letteralmente del male, caratterizzate da manipolazione, violenza e abuso? Innanzitutto si tratta di situazioni limite, la cui trattazione, ancora una volta, esula dai contenuti di questo libro, che non ha come fine quello di occuparsi di patologie gravi, psicopatie o reati (perché, lo ricordo, siamo nel campo del reato penale). Per quel che riguarda tutti gli altri casi, non patologici, illustrerò invece gli incastri più frequenti dei rapporti di dipendenza che hanno alla base un'immaturità affettiva, rapporti in cui cerchiamo un partner che soddisfi i bisogni d'amore e di sicurezza tipici del bambino creando legami di attaccamento. Questa modalità ci impedisce la costruzione di una relazione adulta e porta a legami sbilanciati, non alla pari.

«Ho bisogno del tuo amore»

Sentirsi amati è un desiderio che tutti abbiamo: anche gli adulti sono felici quando percepiscono di esserlo. Il problema nasce quando il bisogno è così forte da credere che la vita non abbia senso senza un partner da cui ricevere amore. Questa dinamica si verifica soprattutto in uomini e donne che non si sono sentiti voluti dalle figure di accudimento durante l'infanzia o, almeno, non tanto quanto e come avrebbero desiderato.

Molti genitori adorano i figli, ma non riescono a manifestare i sentimenti. A volte si tratta di padri e madri freddi o distaccati, oppure che non sono stati presenti nei momenti in cui i loro bambini ne avevano bisogno. Qualche volta non hanno compreso le caratteristiche dei loro bambini e li hanno amati in un modo che non era quello adatto a loro. Potrebbero essere stati troppo presenti o troppo assenti, distratti o depressi; insomma, qualcosa non ha funzionato nello scambio, e hanno cresciuto ragazzi che si trovano a fare i conti con la sensazione (vera o immaginata, non importa) di non essere amati e, soprattutto, di non essere degni d'amore.

Da adulti potrebbero inconsapevolmente cercare un partner che compensi la lacuna, quel vuoto incolmabile con cui ogni giorno si devono confrontare. Naturalmente, si tratta di un desiderio irrealizzabile. Prima di tutto, nessun amore del presente potrà compensare una mancanza del passato. È come credere che, se si è sofferta la fame quando si avevano tre anni, mangiare quintali di cibo oggi possa far sparire la sensazione di allora. La ferita continuerà a sanguinare fino a quando non prenderemo coscienza dell'accaduto e non porteremo avanti un lavoro di consapevolezza, mettendoci in gioco. Inoltre, la maggior parte delle volte rimaniamo attratti da persone con le stesse caratteristiche di chi ha provocato la ferita, anche se probabilmente non ne siamo consci nel momento in cui le avviciniamo. Risultato? La ripetizione del trauma avuto nel passato. Anche se scegliessimo un partner davvero innamorato, non sarebbe mai comunque abbastanza e ogni mancanza la vivremmo come una conferma di non essere «amabili».

Il dramma per chi non si è sentito amato è rivivere sempre le stesse storie, pur sperando in un finale diverso. Ma se non prendiamo consapevolezza del nostro ruolo, sarà impossibile che il finale cambi. Osservare con attenzione i nostri comportamenti, fare i conti con l'insaziabile fame d'amore, è il primo passo per creare relazioni equilibrate e soddisfacenti. Il partner non può e non deve soddisfare bisogni infantili, così come non è responsabile per le ferite del passato: crescere è compito di ognuno di noi.

Se l'amore non può risarcire i traumi, può aiutare, però, a far emergere le nostre fragilità, per occuparcene. Chi ha bisogno di sentirsi amato di rado si concentra sulla questione: Io amo davvero? È così preso dai propri bisogni che non si accorge che quello che prova non è amore.

Nei paragrafi che seguono affronterò le modalità con cui può manifestarsi la dipendenza, con l'aiuto di storie che ho appreso da persone conosciute nel corso della mia vita personale e professionale. Inizierò con il racconto della relazione tra Nino e Gianna.

«Se mi abbandoni, io muoio»

Nino aveva due matrimoni finiti alle spalle quando ha incontrato Gianna per la prima volta. Si erano conosciuti sui social e per lui era stata un miraggio, un'oasi di pace nel deserto arido della sua esistenza. Il suo ultimo matrimonio era finito tra litigi, insulti e cause legali. Era solo e depresso, temeva di non riuscire più a ricostruirsi una famiglia e passava il tempo a chattare nel tentativo di trovare una compagna. Poi era comparsa Gianna nella lista di uno dei suoi amici su Facebook e l'aveva contattata. Anche lei era appena uscita da una relazione difficile e, nel giro di pochi giorni, si erano innamorati.

Con il tempo le cose si sono complicate perché Gianna si dimostrava sempre più gelosa, in modo ossessivo. Davanti alle sue scenate Nino regrediva letteralmente. Lui, un uomo in apparenza forte, ai limiti dell'arroganza, si trasformava in un bambino terrorizzato. Lei avanzava pretese assurde, cercando di allontanarlo da qualsiasi cosa potesse distrarlo da lei, anche solo per pochi minuti. Il pensiero che lui potesse essere felice indipendentemente da lei le era insopportabile.

Ha iniziato con gli amici: con un pretesto banale aveva chiesto e ottenuto che lui smettesse di frequentare il solito gruppo perché, a suo dire, una ragazza era interessata a lui. Nino all'inizio aveva cercato di opporsi, ma lei lo aveva buttato fuori casa senza aggiungere altro. Lui non capiva le sue reazioni e cercava di parlarle nel tentativo di riportarla alla realtà, ma senza risultato. Soltanto dopo essere stata assecondata, Gianna gli permetteva di tornare.

Poi è passata ai membri della famiglia, discutendo con la sorella e il fratello di Nino e costringendolo a scegliere chi frequentare. La scusa era la convinzione che la sua famiglia non l'avesse ben accolta. Infine è arrivata ai figli, adducendo come motivazione che non poteva sopportare che per frequentarli Nino avesse bisogno di parlare con le ex o di incontrarle; è persino arrivata a proibirgli di andare alla laurea del figlio maggiore. Lui si sentiva combattuto tra il senso di impotenza e la paura che la storia potesse finire. L'idea era inammissibile e così cedeva sempre, ripetendosi: «È l'ultima volta.»

Quando la persona dipendente ha una ferita profonda legata a esperienze precoci, si sente incompresa e l'intensità del dolore davanti a quello che accade non è mai proporzionata all'evento.

Per spiegarmi meglio userò una metafora. Immaginiamo di avere una frattura al braccio (trauma originario). Una persona ci passa accanto e involontariamente urta il braccio fratturato (ferita attuale). Il dolore lancinante provato è reale, ma la causa è la ferita che si aveva già e la persona che ci ha urtati non ha responsabilità ulteriori. Non è semplice distinguere la sofferenza che si sta provando dalla ferita originaria, perciò si tende ad attribuire la colpa all'altro per il dolore del momento.

Quando Gianna allontanava Nino, lui era terrorizzato come un bambino abbandonato dalla mamma. Fino a quel momento aveva avuto rapporti con donne sottomesse, evitando così di fare i conti con le proprie paure. Riceveva accudimento e sicurezza ma non amava, senza neppure rendersene conto.

Un adulto non può essere abbandonato, perché è in grado di cavarsela da solo, può soltanto essere lasciato. Creare rapporti di dipendenza è un modo per rimanere piccoli ed evitare di confrontarsi con un rapporto adulto in cui la possibilità della fine della relazione è un evento da mettere in conto.

La vera libertà è rimanere in una relazione per scelta, non per paura. Chi dipende dal partner tende a rinunciare alle proprie esigenze e ad assecondare le richieste dell'altro pur di non perderlo.

Nino, in fondo al suo cuore, era convinto che Gianna fosse una donna straordinaria e che si comportasse così solo perché lo amava talmente tanto da volerlo tutto per sé. Credeva che lei potesse regalargli la famiglia che aveva sempre voluto. Entrambi avevano già sette figli (lui tre e lei quattro) e nei momenti di tranquillità fantasticavano su un nuovo bebè, definendosi «la superfamiglia».

Nino aveva tentato più volte di realizzare il suo sogno, senza mai riuscirci. Dopo pochi anni, i rapporti si sono inaspriti e la vita di coppia è diventata una battaglia quotidiana. Si illudeva ogni volta che le cose sarebbero andate diversamente. Nei suoi matrimoni precedenti aveva avuto un ruolo del tutto opposto: era sempre stato dominante e vedere il tutto da una prospettiva nuova lo ha aiutato a comprendere i propri comportamenti. Soffriva per le reazioni di Gianna, ma si rendeva conto che lei era lo specchio di quello che lui era sempre stato fino a quel momento.

Come spesso accade, nei legami di dipendenza possiamo assumere ruoli diversi: a seconda del partner, a seconda delle caratteristiche e dell'aspetto che in quel momento preme per essere affrontato e risolto.

«Ti disprezzo perché mi somigli»

Abbiamo visto le motivazioni di Nino, ma dall'altra parte, come mai Gianna era così poco amorevole pur dichiarando il suo grande amore?

Quando Gianna allontanava Nino, lo faceva con odio e arroganza. Usava parole sprezzanti, mostrandosi in un modo che lui non riusciva a riconoscere nella donna che amava. Erano quelli i momenti che più temeva: «Diventa un'altra, non è lei» ripeteva per giustificare le sue violente scenate.

Di fatto però era la stessa persona. Questo modo di scinderla in due, una buona e una cattiva, è molto frequente nei rapporti di dipendenza in cui la parte infantile non riesce a conciliare aspetti così diversi. Il bambino non può comprendere che la mamma buona, gentile e accudente è anche la mamma cattiva che si arrabbia. Ha bisogno di tenere le due immagini separate. Con il tempo imparerà che la mamma (o il papà) amorevole è la stessa persona che urla o gli procura frustrazione.

Così Nino fantasticava nell'illusione che un giorno la Gianna violenta sarebbe sparita per sempre dalla loro relazione. Gianna non tollerava i rapporti tranquilli e voleva dominare, proprio come aveva fatto Nino con le sue ex. Lei aveva lasciato il marito per stare con un uomo che però l'aveva allontanata subito dopo la separazione, e non l'aveva tollerato. Tutto l'odio che aveva provato verso di lui e verso se stessa lo riversava ora su Nino: sentiva la necessità di umiliarlo proprio nei momenti in cui lo vedeva particolarmente amorevole e bisognoso.

Gianna era cinica e disillusa, continuava a ripetere: «Non credo più nell'amore», come se parlasse di una fede a cui si può aderire. Era lei stessa la prima a dubitare di quel sentimento, che forse non aveva mai provato davvero. Si considerava sfortunata e ripeteva che la vita non le aveva portato nulla di buono. Nino si era innamorato davvero e, se anche non si poteva parlare di amore, era genuinamente interessato a lei e voleva vederla felice. Lei però non era capace di gratitudine e vedersi trattata teneramente le provocava una rabbia incontrollabile. L'idea che la vita avesse qualcosa da offrirle la obbligava a rivedere le proprie convinzioni, quelle che la tenevano al riparo dal coinvolgimento; la sua autodistruttività non poteva consentirglielo. Quando il rapporto procedeva sereno lei diventava provocatoria, fino a che la discussione degenerava. A quel punto si sentiva libera di cacciare Nino. Quando si era tranquillizzata, lo ricercava chiedendogli aiuto. Una richiesta a cui lui non riusciva a resistere, dicendosi che «lei si comportava così solo perché soffriva».

Appena tornavano insieme lui cercava di mostrarle quanto erano fortunati, che il loro amore era un dono, ma non si rendeva conto che le sue parole risuonavano vuote e sterili per la compagna. Entrambi recitavano un ruolo e nessuno dei due vedeva l'altro per come era davvero. Gianna era troppo animata dalla rabbia e dall'invidia distruttiva. Nino si rapportava con un'immagine idealizzata di lei, oltre la quale non riusciva ad andare.

Soltanto dopo aver scoperto un tradimento, lui si è reso conto della situazione. Finalmente ha preso atto delle sue fragilità e, attraverso un percorso psicoterapeutico, ha iniziato a conoscersi meglio. Si è trasferito in un nuovo appartamento, questa volta da solo, e ha cominciato a sperimentarsi come uomo adulto, affrontando le paure e le difficoltà di chi decide di diventare indipendente.

Gianna invece non ha mai voluto fare i conti con il bisogno di svalutazione e la distruttività. Non si è mai impegnata per uscire dal ruolo di vittima con il quale si è ormai troppo identificata. È vero, ha avuto un'infanzia difficile, ma non si rende conto che tutto quello che ha vissuto è accaduto più di quarant'anni fa. Sente che la vita avrebbe dovuto risarcirla, è così carica di odio da non riuscire a riconoscere quello che in realtà ha ricevuto in dono: la salute, dei figli adorabili e un uomo che cercava di creare un rapporto con lei. È troppo rancorosa per poter ammettere che c'è stato anche del buono.

La vita non ci deve nulla e noi non possiamo scegliere quello che ci accade. Abbiamo, però, la possibilità di decidere in ogni momento su cosa puntare la nostra attenzione. Possiamo concentrarci su quello che avremmo potuto avere, con un'aspettativa del tutto arbitraria, oppure accogliere quello che abbiamo con gioia e gratitudine. Gianna ha avuto l'occasione di vivere una bella storia e chiudere con il passato, ma forse non era ancora pronta per un passaggio evolutivo.

«Ho bisogno che tu abbia bisogno di me»

Nella storia tra Nino e Gianna, il problema era l'illusione di lui: credeva che un giorno lei avrebbe potuto portargli ciò che aveva sempre desiderato e cioè una grande famiglia in cui dare e ricevere amore, compensando così i due fallimenti precedenti. Anche la paura giocava un ruolo importante nel tenere unita la coppia, seppure in modo caotico.

Ci sono altre dinamiche, altrettanto comuni, in grado di creare legami potentissimi e squilibrati, come per esempio quella che unisce il Salvatore e la Vittima. Il gioco relazionale prevede che un partner (la Vittima) abbia il ruolo di chi deve essere aiutato perché percepito in difficoltà, e l'altro (il Salvatore) si assuma tutte le responsabilità con lo scopo di alleviare il peso del compagno considerato fragile. Accade abbastanza in fretta che la Vittima sviluppi una dipendenza dal Salvatore, delegandogli la maggior parte dei compiti che dovrebbe e potrebbe svolgere anche in autonomia.

All'inizio per il Salvatore (lui o lei che sia) prendersi cura di chi ama è una forma molto appagante di dimostrare affetto. Dedicarsi all'altro, vederlo stare bene, è un modo indiretto per essere felice. Anche la Vittima si trova bene nel proprio ruolo: sapere di poter contare sull'aiuto di qualcuno la fa sentire protetta e al sicuro.

Con il passare del tempo però la rigidità dei ruoli diventa soffocante. Perché né la Vittima né il Salvatore decidono allora di sottrarsi? La Vittima rimane intrappolata tra le maglie della comodità. Inoltre, se il rapporto dura da tempo, ha ormai delegato tutto al Salvatore, e ricominciare a farsi carico della propria vita diventa complesso. Il vantaggio secondario del Salvatore è invece quello di mantenere legata a sé la Vittima. Con la sua presenza è riuscito a ottenere la sua completa dipendenza, mettendosi così al sicuro dall'eventuale rischio di essere lasciato. Inoltre, prodigarsi per qualcuno, per quanto stancante, restituisce al Salvatore la sensazione di sentirsi utile e indispensabile.

Un mio amico tendeva ad assumere il ruolo della Vittima nella coppia. Incontrava donne-madri che si occupavano di lui come fosse un bambino. Nonostante i suoi cinquant'anni compiuti, non era letteralmente in grado di pagare una bolletta da solo. Si innamorava sempre della stessa tipologia di donna: dolce, dedita e affidabile. Il rapporto funzionava bene per il primo anno. Il suo aspetto da bambino smarrito e la sua storia familiare un po' complessa attivavano il lato materno nelle donne che incontrava. Di certo aveva avuto una madre complicata, ma a cinquant'anni continuava a parlare di quanto lei fosse stata poco presente e delle sue mancanze, come fosse ancora piccolo e fragile. Le partner volevano risarcirlo di quello che non aveva avuto e si comportavano esattamente come la madre che lui avrebbe desiderato. Preparavano cenette, gli sceglievano i vestiti, gli prenotavano le visite mediche, lo accompagnavano ovunque.

A ogni gesto, lui ripeteva: «Non saprei proprio come fare senza di te.» Questa frase aveva un effetto magico sulle donne, che si illuminavano, soddisfatte e gongolanti. In cuor loro, speravano che lui le considerasse speciali, ma per lui non era tanto importante la persona, quanto il ruolo che svolgeva.

Dopo il primo anno, al massimo due, perdeva del tutto l'interesse sessuale per la compagna e andava alla ricerca di un'altra con cui soddisfare la sfera erotica. Rimaneva però legato alla partner, incapace di staccarsi. Si percepiva non in grado di occuparsi delle faccende domestiche e di tutto ciò che comporta la quotidianità di un adulto. Solo quando il nuovo rapporto si consolidava poteva chiudere il precedente, così da sostituire la donna senza cambiare i ruoli.

Anche in questo caso una presa di coscienza avrebbe portato a un'evoluzione, anziché a una ripetizione. Avrebbe potuto cambiare la sua storia impegnandosi nel tentativo di riprendere in mano la sua vita. Sarebbe stato sufficiente darsi del tempo, magari concedendosi un periodo in cui vivere da solo e imparare a gestire le faccende personali. Una volta capito che non aveva più bisogno di una madre, avrebbe potuto scegliere una donna con cui costruire un rapporto alla pari.

«Io non ho bisogno di te»

Si chiamano «partner evitanti» quelli che non vogliono sentirsi coinvolti (né ci riuscirebbero). Si tratta di uomini e donne che, delusi da una relazione in un passato più o meno remoto, hanno deciso che non vale più la pena investire nelle relazioni. A volte la scelta è stata fatta così indietro nel tempo da averne perso memoria.

Spesso le persone dipendenti dimostrano questo tipo di chiusura. Nonostante credano di amare tantissimo, non possono farlo davvero perché troppo invischiate in tematiche infantili, ma di questa difficoltà non sono del tutto consapevoli. Per evitare di fare i conti con la propria incapacità si legano a persone con cui è impossibile creare un rapporto sano. In questo modo sarà per loro più semplice raccontarsi che «è colpa dell'altro».

Quando incontrano un uomo o una donna che dichiara esplicitamente: «Non voglio una relazione», subiscono una sorta di fascinazione, una specie di incantesimo che le incatena. L'incastro in questo caso è dovuto all'incredulità: Come è possibile che lui (o lei) non desideri una relazione? Come può dirlo così apertamente? Non è difficile comprendere quanto un individuo evitante (che sa di esserlo) eserciti un potere enorme su chi è dipendente (che probabilmente è anche evitante, ma senza saperlo).

La persona evitante tende a ostentare la propria indipendenza e il fatto di non aver bisogno di nessuno. In genere, un tradimento del passato, spesso avvenuto nelle prime fasi dello sviluppo, ha creato una ferita tanto profonda da impedire qualunque tentativo. Anche in questo caso la consapevolezza è fondamentale. Ci sono due passi importanti da compiere, a seconda dei casi: prima riconoscersi come persona evitante e poi percepire il reale desiderio di superare la ferita.

L'errore più frequente (e anche il motivo per cui i rapporti di dipendenza non si risolvono) è credere che il problema riguardi l'altro. Riconoscere e accettare che chi incontriamo non è altro che lo specchio di chi siamo e del livello emotivo a cui siamo giunti è un'occasione fantastica. Solo osservando i nostri comportamenti, i bisogni e le paure che proiettiamo nella relazione possiamo compiere il passo decisivo che porta alla costruzione di un vero rapporto d'amore. Fino a che cercheremo di attribuire la responsabilità di ciò che accade esclusivamente al partner (che di certo ha molte responsabilità, ma non tutte) non potremo crescere.

L'amore mette le ali

Anche se può sembrare difficile, è sempre possibile andare oltre i bisogni infantili. Se siamo stati feriti in passato, non significa che il destino sia tracciato per sempre. Se desideriamo davvero amare, possiamo imparare a farlo. L'amore è il vero risarcimento, l'unico che potrà guarire le ferite, ma non possiamo dare qualcosa che non abbiamo, e per amare occorre avere un cuore traboccante d'amore, così colmo da sgorgare spontaneamente. Una ferita è come un foro in un secchio: per quanto amore possiamo ricevere, non sarà mai sufficiente a riempirlo.

Il passo più complesso nei rapporti di dipendenza è quindi rinunciare al ruolo che abbiamo sempre avuto e all'interno del quale ci muoviamo con disinvoltura, anche se con sofferenza. Riconosciamo limiti e possibilità e soprattutto sappiamo con certezza che, mantenendo certe dinamiche, la sopravvivenza ci è garantita: i «copioni» ci sono già noti. Se abbiamo costruito tutta la nostra vita su un certo ruolo, sarà difficile lasciarlo andare, ma se vogliamo, possiamo. Dovremo imparare a tollerare i sensi di colpa e una certa dose di sofferenza dovuta al cambiamento, che porterà però alla liberazione. Si tratta di scegliere per cosa valga la pena soffrire: un dolore reiterato, senza fine, oppure uno che porta all'amore?

Ogni persona incontrata lungo il nostro cammino ha lo scopo di aiutarci nel percorso di conoscenza che stiamo compiendo e può accadere che, esaurito il compito, si allontani, o che la perdita d'interesse parta da noi. A quel punto, se ci rendiamo conto di essere troppo distanti o di non avere più nulla da dirci, meglio affrontare una separazione piuttosto che rimanere, lanciandoci reciproche accuse.

E se non è possibile andarsene? Quella di rimanere in un rapporto è sempre una scelta, a meno che non ci sia una coercizione fisica, ma in tali casi entriamo in tematiche non inerenti all'amore. Rimanere soltanto per paura, di qualunque paura si tratti, è un sacrificio troppo oneroso ed è il più grande tradimento che possiamo fare a noi stessi. Abbiamo il diritto (e forse anche il dovere) di donarci al mondo per come siamo, profondamente, scoprendo la nostra specificità e valorizzando la nostra unicità; a questo compito non dovremmo mai sottrarci per timore.

L'amore dovrebbe aiutare a raggiungere lo scopo, lasciare che entrambi i partner fioriscano nella relazione. Se limita vuol dire che non è amore.

Mi piace citare Frida Kahlo, che aveva colto bene come l'amore possa ispirarci per dare voce alla nostra parte più profonda. «È lecito inventare verbi nuovi? Voglio regalartene uno: io ti *cielo*, così che le mie ali possano distendersi smisuratamente, per amarti senza confini.»

6
«Più soffro più ti amo». Il masochismo emotivo

Sapete perfettamente che andare a spiare il suo profilo un'altra volta vi procurerà un'ulteriore sofferenza, ma non riuscite a resistere: date comunque una sbirciatina. Alla fine vi siete liberati di quella persona che vi faceva soffrire, ma proprio quando vi accorgete di stare meglio, ecco che tornate a cercarla.

La vostra relazione è ancora in piedi? La mente torna a quella volta che vi ha ferito, quattro anni fa.

Le persone vi cercano soltanto quando stanno male, quando si tratta invece di andare a divertirsi, siete in fondo alla lista delle telefonate (a volte neanche lì).

Non perdete occasione per criticare tutto quello che fate. Se qualcuno prova a farvi un complimento pensate che non conti, perché quella persona non capisce nulla.

Passate ore a pensare agli esiti negativi, a immagini catastrofiche future, e create storie da incubo in cui crogiolarvi.

Se qualcuno prova a distogliervi dalla sofferenza che vi state infliggendo, lo accusate di essere insensibile.

Vi manca il partner che avete appena lasciato perché vi faceva soffrire. Rinunciate a uscire con gli amici e preferite scegliere una playlist di canzoni nostalgiche o guardare i film d'amore più strazianti.

Vi siete ritrovati in qualcuna di queste affermazioni? Allora questo è un capitolo che dovete assolutamente leggere!

Il masochismo emotivo è un problema per chi vuole creare una relazione soddisfacente. Nonostante desideriate stare bene, una potentissima forza vi attrae verso ciò che vi fa male. Proprio come la falena che si scaglia verso la luce, anche se la porterà inevitabilmente alla distruzione.

Nelle pagine che seguono vi aiuterò a capire come agisce questa dinamica e come liberarvene... se davvero lo desiderate.

La storia di Franca

«Sono senza parole. Ho sempre pensato che certi comportamenti fossero da ragazzini, ora capisco che riguardano anche i vecchi come te.» Franca passava ore a cercare le parole giuste. Voleva ferire Gianni, affondare il coltello con violenza, per fargli provare anche solo una piccola parte del suo stesso dolore. «Conoscerti mi ha aiutata a capire come non voglio essere» e «ho capito di non essere la donna per te, tu hai bisogno di una escort» erano soltanto alcune delle frasi su cui rimuginava alla ricerca del copione perfetto. Ma più lo faceva e più si rendeva conto che era inutile: lui non provava nulla e non sarebbe mai stato in grado di capire l'inferno che lei, a causa sua, stava attraversando.

Voleva vendicarsi e allo stesso tempo sapeva che la responsabilità di tutto quel dolore era anche sua. Avrebbe potuto chiudere il rapporto e mettere la parola «fine» alla sua sofferenza tanto tempo prima, ma non c'era riuscita.

Il solo pensiero che adesso poteva darle sollievo era credere che lui, in realtà, fosse diverso da come lo vedeva. Sarebbe bastata una sua telefonata affettuosa: poche parole, dette nel modo giusto, l'avrebbero aiutata a mantenere viva l'illusione.

Quelle parole tanto attese, però, lui non le aveva mai pronunciate. Il silenzio era piuttosto la conferma che Gianni era proprio come era stato suo padre. Anzi, peggio. Da suo padre, almeno in qualche frangente, Franca si era sentita amata. Al contrario di sua madre, che invece era sempre stata sottomessa al marito, continuamente indaffarata a rincorrerlo e a cercare di conquistare il suo amore. Franca disapprovava sua madre e considerava patetici quei tentativi di farsi amare. Lo serviva come una geisha, ma lui la guardava con disprezzo e si beava della sua devozione. Franca aveva impiegato molti anni per capire che quello sguardo non era gratitudine, ma la soddisfazione di un ritorno narcisistico.

Ricordava bene, invece, i momenti di gioia quando suo padre guardava lei con occhi innamorati, gli stessi che le era sembrato di rivedere nel suo uomo. «Ma c'era davvero amore in quello sguardo?» si chiedeva ora, a distanza di tempo. Non era piuttosto uno sguardo-bambino? Gianni, proprio come fanno i ragazzini, l'aveva abbandonata per sostituirla con un giocattolo nuovo.

Franca voleva soltanto una cosa: smettere di desiderare che ricomparisse. Più che la mancanza, era quella perpetua sensazione di speranza a renderle impossibile andare oltre. Voleva mantenere quel legame, riavvolgere un filo che, seppur sottile, le permettesse di pensare che la loro storia aveva avuto un senso anche per lui. Sentiva potentissima questa parte masochista e malata di sé, fuori dal suo controllo, contraria alla sua volontà.

Lui era così, era sempre stato così e non avrebbe mai potuto essere diverso, almeno non con lei. Per questo, Franca fantasticava sul tipo di rapporto che lui avrebbe potuto avere con sua moglie o con le altre amanti, un gioco mentale inutile e distruttivo che la lasciava in balia della rabbia e della gelosia. Non era mai entrata in contatto con la propria vulnerabilità prima di allora. Nei rapporti aveva sempre dominato, era sempre stata molto attenta a non lasciarsi sottomettere da nessuno. Almeno finché non aveva incontrato Gianni.

Come spesso succede, quando un aspetto della psiche rimane relegato in profondità, rinnegato, una passione amorosa può risvegliarlo. Tuttavia, l'irruzione violenta di queste parti della personalità può destabilizzare. Ci sentiamo come posseduti da una forza sconosciuta, che ci spinge a condotte irrazionali e contrarie a quello che avevamo creduto fino a quel momento. Viviamo un forte senso di vergogna e di umiliazione per comportamenti che non riconosciamo come nostri e che facciamo fatica ad accettare. Per Franca era stato proprio così.

Il masochismo emotivo è una forma di automutilazione emotiva, in cui ci ritroviamo regolarmente a sperimentare, causare o mantenere l'infelicità nella nostra vita. Qualche volta, come nel caso di Franca, questo aspetto rimane sopito per poi esplodere all'improvviso, in modo del tutto inaspettato.

Quando mi capita di parlare con qualcuno che presenta questo tratto e di far presente questa caratteristica, la prima reazione che ottengo è di turbamento. Non è semplice accettare che dentro di noi vive un sabotatore capace di ostacolare i tentativi consapevoli di raggiungere la serenità. Serve un po' di tempo per accettare che il persecutore non è all'esterno, ma è parte di noi; poi, quando arriva la consapevolezza, cambia del tutto la prospettiva. È come se un faro illuminasse all'improvviso la nostra vita e finalmente riuscissimo a dare un significato agli avvenimenti del passato. Si spiegano i sensi di colpa, i continui fallimenti, gli obiettivi mancati a un passo dal raggiungimento e le difficoltà incontrate per cogliere i risultati.

Se molto spesso trovate un motivo per cui preoccuparvi, se non siete mai abbastanza soddisfatti di come siete o di quello che fate, se facendo il bilancio delle vostre relazioni il risultato pende decisamente dalla parte della sofferenza, provate ad approfondire le situazioni in cui può imbattersi un «masochista emotivo». Forse troverete qualche spunto su cui riflettere.

Se si tratta di un aspetto che vi riguarda, vi riconoscerete in una o più delle descrizioni che seguono.

1. *Quando le cose vanno troppo bene, iniziate a preoccuparvi*

Nei periodi in cui tutto procede alla grande, andate alla ricerca di qualcosa che non funziona. Pur di sfuggire dalla situazione di tranquillità, la vostra mente inizia a scandagliare vari aspetti alla ricerca di un motivo per cui preoccuparvi e, generalmente, lo trova. Potrebbe anche accadere che non riusciate a scovare niente che non vada, allora lasciate scorrere i pensieri a ritroso, analizzando i giorni passati o le catastrofi che potrebbero avvenire in un futuro più o meno prossimo. La creatività della mente non ha limiti riguardo agli scenari da film dell'orrore che è in grado di evocare.

Cosa accade esattamente? Il masochista non può vivere gioia o piacere in prima persona. Nei momenti in cui compare una sensazione di benessere o felicità, in automatico il pensiero viene rivolto altrove. L'emozione provata non viene percepita come un prodotto del mondo interiore, ma come esterna e proiettata.

Quando vive qualcosa di bello, il masochista non sa riconoscerlo. Davanti a un'emozione positiva, inizierà a ricercare un ricordo del passato a cui attribuirla. Ciò che vivrà consapevolmente sarà, infine, nostalgia o mancanza. È come se non potesse permettersi di vivere direttamente il piacere, al punto tale da doverlo espellere. L'intensità dell'emozione diventa pericolosa e viverla lo farebbe sentire indegno. Se non riesce a sentire le emozioni e i sentimenti come suoi, predomina il senso di vuoto, dal quale cerca di fuggire adottando comportamenti autodistruttivi. Il dolore si trasforma così nello strumento utilizzato per sentirsi vivo e punirsi per aver osato desiderare qualcosa che non sente di meritare.

Il masochista crede che piacere, amore o felicità non siano esperienze alla propria portata.

2. *Molti dei partner che avete avuto erano freddi, distaccati o vi trattavano male. Quando qualcuno si interessa a voi, non provate più trasporto*

Se avete pensato più di una volta: «Tutti quelli che mi piacciono non mi ricambiano», sappiate che probabilmente non siete sfortunati. Magari lo siete pure, ma diciamo che aiutate la ruota della fortuna a cambiare giro, dando un colpetto nel momento in cui sta per fermarsi dalla vostra parte.

La vita del masochista emotivo è costellata di rapporti distruttivi. Il partner o gli amici vengono inconsciamente scelti per poter vivere l'aspetto masochistico: nella maggior parte dei casi, si tratterà di uomini e donne sadici o abusanti.

I masochisti non tollerano la tranquillità, poiché l'aspetto autodistruttivo li tormenterebbe: un persecutore esterno è preferibile al malessere che proverebbero trovandosi a fare i conti con il loro sabotatore interno. Non è un caso, infatti, che le loro storie siano tutte tormentate e caratterizzate da dolore e umiliazione, a diversi livelli.

Attenzione, non sempre la sofferenza è indotta direttamente dal partner: il dolore percepito può esistere anche solo nella loro mente. Quando il compagno, l'amico, il collega o il familiare mette in atto un comportamento vissuto come doloroso, non si allontanano: subiscono e poi si tormentano, pensando e ripensando alla ferita ricevuta, riattivando il male infinite volte.

In genere il vero dolore non è quello che deriva dal comportamento altrui, ma quello autoprocurato attraverso i pensieri disturbanti che ne conseguono.

3. *Sapete benissimo che sarebbe meglio chiudere questa relazione, ma non riuscite a farlo*

Se quando tutte le persone intorno a voi vi dicono che è meglio lasciar stare, che questa storia andrà male, che lui o lei è una persona problematica (e anche voi lo vedete benissimo), anziché fuggire vi viene voglia di indossare la tutina da Wonder Woman o da Superman, dovreste leggere con attenzione quello che segue.

Perché? Perché, quando il masochista vive una storia che crea sofferenza, tende a perseverare. L'inconscia attrazione per l'afflizione porta il masochista a rimanere nelle relazioni in cui soffre. Anzi, vi permane esclusivamente per questo motivo. In molti casi, non si accorge neppure delle umiliazioni e il dolore vissuto lo considera normale. Altre volte, scambia addirittura il male con l'amore secondo l'equazione «più soffro, più amo». Tale convinzione impedisce qualunque riflessione riguardo alla pericolosità del rapporto e ostacola una presa di coscienza in merito alla propria autodistruttività.

Diventare consapevoli di contribuire in prima persona al mantenimento della dinamica in corso rappresenta il passo fondamentale per mettervi fine. Ricordate che l'amore non può portare afflizione. Chi ama vuole che il partner sia felice e che fiorisca, non che soffra. Lo stesso vale per l'amore verso noi stessi: non possiamo dire di amare se per farlo è necessario soffocare la nostra individualità o, peggio, infliggere o infliggerci sofferenza.

4. *«Non ho fatto abbastanza», «sono soltanto stato fortunato», «avrei comunque potuto fare di meglio» sono le vostre frasi più frequenti*

Il masochista emotivo sminuisce i propri successi. Nel momento in cui raggiunge un risultato desiderato, cerca in tutti i modi di distruggerlo oppure svaluta ciò che ha fatto (ho conosciuto una persona che ha dimenticato di andare a discutere la laurea; aveva del tutto rimosso il giorno dalla sua mente).

Il piacere di aver ottenuto un risultato è per lui un'emozione insopportabile, quindi fa il possibile per allontanarsene. Arriverà, per esempio, a boicottare una relazione proprio quando funziona nel migliore dei modi, si getterà in un'abbuffata nel momento in cui sta perdendo peso, farà scena muta a un esame dopo aver studiato per giorni e giorni.

Nei casi in cui riuscirà a ottenere comunque il risultato sperato, lo dimenticherà in fretta, per dedicarsi a qualcosa di ancora più complesso: «Bene, è arrivato il momento di alzare l'asticella e concentrarsi sul prossimo obiettivo, io sono una persona che non si accontenta.» Ma in realtà questa frase copre l'incapacità di sentirsi soddisfatto, di gioire per quello che ha raggiunto.

5. *Quando subite un torto, continuate a pensarci per giorni, anche dopo aver fatto pace*

Se qualcuno vi ferisce, non basta che si scusi e si mostri dispiaciuto. Potreste affermare che siete bravi a perdonare ma non dimenticate, ma se continuate a pensarci forse non avete perdonato davvero. Un'altra frase ricorrente è «ormai è troppo tardi», che preclude per sempre alla persona che ha sbagliato (e soprattutto a voi) la possibilità di riparare.

Chi è masochista tende a reagire in modo esagerato alle emozioni, sentendosi ferito anche per piccole cose.

Quando sperimentiamo un'emozione negativa, la reazione più appropriata sarebbe quella di fare il possibile per lasciarla andare, concentrandoci su altro. Una persona masochista, invece, cerca di trattenere le emozioni spiacevoli, provocandosi ulteriore dolore. La disperazione non è il risultato della situazione vissuta, ma dei pensieri che si attivano nella sua mente in seguito all'evento. Il rimuginare continuo, caratteristico del masochista emotivo, alimenta l'emozione fino a provocare reazioni inappropriate o sproporzionate.

6. *Vi sentite in colpa per tutto, anche per quello che non fate. Pensate sempre che avreste potuto comportarvi in modo diverso*

Tutto quello che accade di negativo è colpa vostra. Ho ascoltato persone incolparsi perché l'uomo o la donna di cui erano innamorate non ricambiava il sentimento. L'amore accade e noi non possiamo scegliere. Come possiamo darci la colpa per qualcosa che non dipende da noi?

Sperimentare sensi di colpa inappropriati è un'altra caratteristica tipica del masochista, che prova sfiducia e un senso di autocondanna sproporzionati rispetto alla realtà dei fatti. Per esempio, potrebbe sentirsi colpevole di non aver fatto abbastanza, quando invece ha fatto già tutto il possibile. Potrebbe condannarsi se qualcuno non ricambia il suo amore, pensando che ci sia qualcosa di sbagliato in lui; passare giornate intere a colpevolizzarsi per una frase detta o per un comportamento considerato inappropriato, ma che risulta tale soltanto ai suoi occhi.

Le rassicurazioni da parte degli altri non sortiscono alcun effetto: la persona masochista rimane ancorata al proprio vissuto.

7. *Quello che piace a voi non conta*

Siete così disabituati a chiedervi cosa volete davvero che non lo sapete neanche più. Da sempre avete imparato a rinnegare le vostre esigenze e adesso siete diventati bravissimi, lo fate senza neanche accorgervene.

Stare in una coppia vuol dire saper comprendere e andare incontro ai bisogni dell'altra persona, senza dimenticare se stessi. Il masochista emotivo invece aderisce totalmente ai bisogni dell'altro. Non essendo mai stato abituato ad ascoltare i propri, non è in grado nemmeno di riconoscerli. Quando gli viene richiesto di fare qualcosa, risponde in modo automatico, adeguandosi a ciò che gli altri desiderano o si aspettano da lui.

È sorprendente constatare quanto sia difficile per lui rispondere alla domanda: «Cosa ti piace?» Il masochista è a stento in grado di riconoscere cosa non ama fare, poiché non è in contatto con nessun tipo di desiderio, mai.

Un discorso simile può essere esteso anche alla sfera sessuale. Se un uomo (o una donna) manifesta un interesse per lui, è molto probabile che si ritrovi invischiato in relazioni senza chiedersi neppure come ci sia finito, dando per scontato che vada bene. La verità è che non si chiede neppure quali siano i propri sentimenti.

8. *Non sapreste dire esattamente quali sono le vostre passioni, forse non ne avete mai avute*

Forse siete in grado di appassionarvi a qualcosa, ma soltanto se c'è qualcuno a darvi lo stimolo e, soprattutto, se lo fa insieme a voi. Siete perfettamente in grado di adeguarvi ai desideri degli altri e lasciate che siano loro a decidere al posto vostro, così da non avere o creare problemi. Se non siete in grado di comprendere ciò che volete davvero, può essere molto difficile prendere decisioni.

Il masochista cerca di continuo l'attenzione e l'approvazione altrui. È abituato a seguire i desideri dell'altro e, immancabilmente, davanti a una scelta verrà assalito da mille dubbi. Per questo motivo ha bisogno di qualcuno che possa mandargli un messaggio che esprima concetti come «va bene quello che hai fatto», oppure «vai bene tu».

La scarsa consapevolezza di sé lo rende dipendente e bisognoso, in quanto l'altro è essenziale a confermare il suo diritto di esistere.

Davanti a una situazione conflittuale sperimenta un'ansia ingestibile di cui cerca di liberarsi in fretta, anche facendo ricorso all'uso di alcol o droghe o mangiando in modo compulsivo.

In altri casi, potrebbe avere violenti accessi di rabbia. All'esplosione seguiranno, poi, distruttive colpevolizzazioni che non faranno altro che alimentare il malessere.

9. *Non riuscite a dire di no perché pensate di scontentare la persona che amate e avete paura che vi lasci*

Chi non è abituato a essere amato per quello che è crede che per essere amati sia necessario fare quello che l'altro vuole.

Aver paura del rifiuto o dell'umiliazione è un altro atteggiamento tipico del masochista. Il suo timore più grande è quello di essere rifiutato o umiliato, soprattutto nel momento in cui prova a dare ascolto ai bisogni.

Può diventare insicuro, chiudersi, mostrarsi impaurito, mettere in atto un comportamento evasivo, mentale, ritirato o passivo quando c'è la possibilità di incorrere in un rifiuto.

Può persino arrivare a manipolare o mentire nel tentativo di evitare una situazione che, altrimenti, vivrebbe come un'umiliazione insostenibile.

10. *Provate spesso una sensazione di solitudine, anche se siete in compagnia*

Come potrebbe essere diversamente? Come potete sentire un senso di vicinanza o di appartenenza se vivete costantemente nella sofferenza?

Il masochista è preda di impotenza emotiva e a rischio di isolamento. Crede di non avere la capacità di cambiare le circostanze, di esercitare il controllo sulla propria vita. Può vivere sentimenti di sconforto, rabbia e angoscia, ponendo una barriera emotiva tra sé e gli altri che rende le relazioni ancora più difficili.

Lo stato di solitudine che sperimenta è legato alla mancanza di una reale connessione e di coinvolgimento. I suoi bisogni emotivi non hanno trovato soddisfazione oppure sono stati repressi o ignorati: chiudersi è stata l'unica via di fuga possibile.

L'isolamento emotivo e la mancanza di fiducia possono provocare ansia, depressione e sfiducia nei confronti degli altri.

Chi vuole abbandonare questa dinamica deve iniziare prendendone atto, e potrebbe non essere facile: riconoscere che il dolore che si prova è in gran parte autoinflitto può destabilizzare, ma le poste in gioco sono la libertà e l'amore per se stessi.

Anche Franca ha dovuto fare i conti con tutto questo. L'incontro con Gianni aveva risvegliato i suoi lati d'ombra, quelli più profondi che per anni aveva rinnegato. Ora, come fantasmi, albergavano nella sua mente, tormentando le sue notti. Si svegliava in preda all'ansia, con il fiato corto e il cuore che le batteva forte nel petto. Gli stessi aspetti che avevano caratterizzato anche sua madre, quelli che con tanta forza aveva disprezzato, erano riemersi prepotentemente, lasciandola inorridita: non si ritrovava in quella fragile creatura che elemosinava briciole d'amore, nei messaggi imploranti che scriveva, nelle suppliche di cui si vergognava. Sentiva però che dopo tanto tempo il suo cuore si era aperto all'amore, e a questo non aveva alcuna intenzione di rinunciare.

Le difese che aveva creato nel tentativo di proteggersi formavano una barriera, una lastra che l'aveva protetta dal male, ma che l'aveva tenuta lontana dalle persone e dai sentimenti. Non soffriva, ma non amava. Sapeva che affrontare quel dolore era necessario per uscire dall'isolamento. Se desiderava creare rapporti sani, senza dominare e senza sottomettersi, doveva recuperare quelle parti nascoste che tanto aveva odiato in sua madre e che appartenevano anche a lei.

Nel lungo periodo in cui aveva avuto relazioni nelle quali era lei a dominare, non aveva realizzato che era un modo per proteggere una parte di sé rimasta chiusa da qualche parte in fondo alla sua psiche. Quando aveva incontrato Gianni la bambina era riapparsa e lei si era trovata priva di difese. Incapace di reagire con modalità adulte, si comportava come anche sua madre aveva sempre fatto.

Un percorso di autoaiuto

Anche se si tratta di un duro lavoro, che in alcuni casi richiede l'aiuto di un professionista, è sempre possibile liberarsi dal masochismo emotivo per concedersi il piacere e la gioia di vivere. Quelli che seguono sono alcuni passi utili per dare inizio a un cambiamento.

1. La prima cosa da fare è identificare i vostri schemi di pensiero, facendo emergere le convinzioni che creano sofferenza. Una volta individuate, sarà più facile evitare di rimanervi invischiati.
   Le prime convinzioni delle quali è necessario prendere coscienza sono quelle che riguardano le relazioni e il ruolo che avete all'interno di un rapporto. Una volta compresa l'origine di tali convinzioni, è importante capire quali effetti hanno sulla vostra vita.
   Analizzate i comportamenti che mettete in atto, poi sceglietene di nuovi, compiete azioni diverse. Circondatevi di persone che possano incoraggiarvi e motivarvi in questo percorso. Accettate i vostri limiti e ricordatevi che tutto può cambiare!
2. Il secondo passo è il riconoscimento dei vostri schemi emotivi. In altre parole, in questa fase dovete diventare consapevoli delle vostre emozioni e delle dinamiche che tengono in piedi le relazioni che vivete. Ripercorrendo a ritroso la vostra esistenza, tornando il più indietro possibile, scoprirete le radici dei vostri schemi emotivi e individuerete gli accadimenti che li hanno condizionati.
   Questa fase va vissuta e attraversata con estrema calma: prendetevi del tempo per riflettere e comprendere meglio i

vostri sentimenti. Imparate a focalizzarvi e ad alimentare quelli più costruttivi, liberandovi pian piano di quelli distruttivi.

3. Una volta individuati gli schemi emotivi, dovete imparare a riconoscere le emozioni, che non andranno né trattenute né ignorate, perché fondamentali nella vita di ognuno: è grazie a loro che possiamo sperimentare il piacere di sentirci vivi. Accettarle ed esprimerle aiuta a mantenere un buon equilibrio psichico. Riconoscerle è un passo importante per diventare più consapevoli del corpo e delle reazioni.
   È ugualmente importante che proviate a riconoscere le sensazioni che provengono dal fisico, sviluppando una curiosità genuina e non giudicante verso voi stessi. È utile, inoltre, che acquisiate l'abilità di accettare l'esperienza emotiva in modo sano, lasciandovi andare e visualizzando gli stati emotivi senza giudicarli.
4. A questo punto avrete superato la metà del percorso. Per procedere, dovrete lavorare sull'autostima. Avere una buona autostima significa fidarsi della propria capacità di affrontare le sfide.
   Chi ha una buona autostima confida nel fatto che sarà la vita stessa, nel corso delle prove, a fornire gli strumenti per poterle affrontare. Chi ha fiducia vede la vita non come un persecutore, qualcosa da cui difendersi, ma come fonte di nutrimento. Chi gode di una buona autostima ha la sensazione di trovarsi bene nel mondo, di sentirsi a proprio agio. L'autostima ha a che fare con la nostra capacità di raggiungere e mantenere buoni standard di vita, con la consapevolezza dei limiti e della necessità di superarli. Ci permette inoltre di assorbire le critiche come un'occasione di miglio-

ramento, di affrontare le decisioni con razionalità, di accettare gli altri e di provare gratitudine verso noi stessi. Ancora, ci fornisce il coraggio di affrontare le difficoltà, gli insuccessi, i conflitti, di resistere al cambiamento, di accettare gli errori, di condividere successi ed esperienze.

5. Accettare che alcune relazioni finiranno è il quinto passo per uscire dalla dinamica del masochismo emotivo. La conclusione delle storie dannose va accettata: lasciatele andare senza trattenerle.
   Quando decidete di chiudere una relazione «tossica» è importante essere onesti e mantenere il contatto, solo se necessario, a un livello superficiale. È opportuno prendere una posizione definitiva per non ricadere nei vecchi schemi relazionali. Vanno quindi comunicate con chiarezza all'altro le motivazioni personali che vi hanno portato alla decisione, e va sostenuta la vostra volontà di interrompere il rapporto. Rispettate i vostri limiti e dedicatevi a ciò che vi rende felici e sicuri. Imparate a proteggervi e non permettete più a chi può farvi soffrire di entrare nella vostra vita.
6. Per continuare il vostro percorso dovrete sviluppare un atteggiamento costruttivo: imparate ad accettare le situazioni, piuttosto che considerarle dolorose o ingiuste. Cercate di analizzare i problemi e ciò che vi accade in modo obiettivo. Mantenete sempre una certa apertura mentale, siate pazienti e tolleranti. Provate a guardare la realtà sotto diversi aspetti e con una prospettiva il più ampia possibile.
   La vita non vuole accanirsi contro nessuno: se state vivendo un momento difficile, sappiate che è l'occasione per accedere a risorse che non avreste mai pensato di avere.
7. A questo punto sarete piuttosto vicini al vostro obiettivo. Per centrarlo dovrete riconoscere la vostra vulnerabilità:

rendetevi conto che essere vulnerabili non equivale a essere deboli.

Accettare le debolezze significa riconoscere le insicurezze e le fragilità, sia fisiche sia emotive. Vuol dire assumerci la responsabilità di gestire queste insicurezze, senza vergognarcene né nasconderle, e anzi, lavorare per accettarle come parte del nostro essere.

Si tratta di riconoscere che tutti abbiamo momenti di fragilità e che questi sono un mezzo per diventare più forti e resilienti.

8. Infine, cercate supporto e incoraggiamento da amici, familiari e professionisti. Trovate un aiuto esterno sotto forma di suggerimento e assistenza, sia morale che pratica.

   In questo momento avrete bisogno di qualcuno con cui parlare o a cui chiedere consigli per affrontare una situazione difficile: valutate il sostegno di persone care o un aiuto specialistico, un supporto psicologico o un percorso terapeutico.

7
«Perché non riesco a dimenticarlo?»

Avete capito che non caverete un ragno dal buco, ma lui (o lei) è sempre lì nella vostra mente: come è possibile? Certo, è naturale pensare a qualcuno che vorremmo nella nostra vita, ma che per qualche motivo non abbiamo potuto avere. Così come è comprensibile che una relazione durata per anni lasci nella nostra esistenza un vuoto che soltanto il tempo potrà colmare. Ci sono però casi in cui il pensiero è tanto ricorrente da riempirci la testa, senza lasciare spazio per altro e impedendo l'elaborazione della perdita, della persona o dell'idea (perché a volte si tratta, appunto, soltanto di un'idea).

Per iniziare, è importante sapere che esistono due tipi di domande, quelle che ci aiutano a risolvere i problemi e quelle che li creano. «Perché non riesco a dimenticarlo?» fa parte della seconda categoria, serve cioè a mantenere in vita il pensiero, non a eliminarlo; è tipica di chi è entrato in un sistema di pensiero di tipo nevrotico.

Prima di comprendere perché alcune persone si fissano nella nostra mente, diciamo che non è possibile decidere volontariamente cosa dimenticare: i meccanismi dell'oblio sono al di fuori del nostro controllo. Pian piano, il ricordo perderà intensità emotiva e farà meno male, ma il passo decisivo è la presa di coscienza rispetto al fatto che una storia non poteva funzionare, senza se e senza ma.

L'amore è un processo naturale, non deve essere rincorso o elemosinato. Occorre avere sempre presente che siete prima di tutto voi a meritarlo. Se per rimanere con un'altra persona state rinunciando a parti profonde di voi, c'è qualcosa che non funziona. Rincorrere qualcuno che non vi ama, che non vi tratta come meritate o che ha fatto scelte diverse significa avere poco rispetto per se stessi.

Vediamo ora perché alcune persone diventano una vera e propria ossessione.

«Se ci penso, vuol dire che non è finita»

Una persona può diventare ossessione quando perseveriamo nel tentativo di mantenere in vita la relazione. Continuare a pensare all'amato ci tiene la mente impegnata e ci evita così di fare i conti con la perdita. Accettare definitivamente la fine di un rapporto vuol dire confrontarsi con un dolore lacerante, per qualcuno persino insopportabile. Il meccanismo inconscio del «se continuo a pensarci, vuol dire che non è finita» ci aiuta a rimandare la sofferenza legata alla mancanza, prolungando però l'agonia. È come mantenere un corpo in vita artificialmente pur di non fare i conti con la morte.

Tra le moltissime storie che mi vengono raccontate ogni giorno, ce n'è una che descrive proprio questo meccanismo. Mario e Luisa, dopo trent'anni trascorsi insieme, portavano avanti una relazione basata su un profondo affetto, senza più traccia dell'amore di un tempo. Entrambi vivevano la routine tra lavoro e figli, non conoscevano grandi scossoni e neppure grandi emozioni. Nessuno dei due sembrava rimpiangere l'intimità sessuale, venuta meno da anni. In apparenza coltivavano una relazione tranquilla, fatta eccezione per alcune frecciatine che si scambiavano qualche volta, in modo quasi accidentale. Lui la punzecchiava sottolineando i chili che aveva preso negli ultimi tempi e lei lo definiva «il grande manager», mettendo in ridicolo i suoi tentativi di trasformarsi da dipendente a imprenditore.

Un giorno Mario mi ha chiamata proponendomi di incontrarci per un aperitivo, richiesta strana vista la scarsa confidenza che avevamo. Ci siamo dati appuntamento sotto il mio studio e, appena l'ho visto, ho capito subito. Era innamorato... e non di sua moglie. Mi ha raccontato infatti che aveva incontrato in palestra una donna bellissima per cui aveva letteralmente perso la testa. Si conoscevano da soli due mesi, lei era libera, lo ricambiava e non voleva stare nel ruolo dell'amante. Lui sentiva che era la sua grande occasione, l'ultima per poter essere di nuovo felice. Aveva riscoperto la sessualità, le emozioni, la gioia di amare e non voleva rinunciarvi: intendeva separarsi.

Da me desiderava un parere su come comunicare alla moglie la decisione.

Mi ha sorpresa l'urgenza di mettere tutto in chiaro e l'ho invitato a parlarne con un collega psicologo, ma non è servito. La sera stessa la moglie, insospettita dai suoi comportamenti insoliti, ha preso il suo telefono, che lui aveva lasciato in bella vista sul tavolo, e ha letto le chat con l'altra donna. Probabilmente non è stato accidentale: Mario voleva essere scoperto.

Il giorno dopo si è trasferito da un amico, in attesa di capire cosa fare. Lo tormentavano i sensi di colpa per il modo in cui la moglie era venuta a conoscenza della relazione, ma era soddisfatto della scelta di andarsene.

Purtroppo, l'idillio è durato poco. La nuova compagna, dopo qualche settimana, gli ha detto di sentirsi confusa e si è allontanata. Lui era sconvolto. Aveva preso una decisione drastica credendo di poter stare con lei, invece si era ritrovato solo, senza casa e senza amore. Con il passare dei giorni era sempre più ossessionato. Parlava solo di lei: al lavoro, con gli amici, persino con i figli. Non dormiva più, aveva smesso di allenarsi in palestra e nulla gli dava piacere. Era in attesa che lei si chiarisse le idee, convinto che sarebbe tornata. Non riusciva a credere che una storia così bella potesse finire, la giustificava in tutti i modi: «Poverina, era tanto tempo che non frequentava un uomo», «Forse sono stato troppo critico», «Può darsi che io sia stato troppo precipitoso.»

Quando prevaleva la rabbia, l'accusava però di averlo preso in giro, di non averlo mai amato, di essersi approfittata della sua buona fede. I pensieri gli rimbalzavano da una parte all'altra della testa, come una pallina da ping-pong, lasciandolo sfinito. Ripensava a ogni parola detta, rileggeva i messaggi che si erano scritti alla ricerca di un indizio, qualcosa che non aveva capito o che rafforzasse la speranza di un riavvicinamento. Aveva persino chiesto aiuto a una cartomante: «Tornerà?»

A dire il vero la donna non aveva lasciato dubbi. L'ultima volta gli aveva detto: «Non sei l'uomo della mia vita», che non è certo una frase fraintendibile, ma lui si aggrappava al fatto che non gli avesse detto: «Non ti amo.» La verità è che quando non si vuole accettare la realtà ci si attacca a tutto, e Mario stava facendo proprio questo: manteneva in vita un'illusione per evitare di affrontare un sogno infranto.

Solo dopo molti mesi, quando ogni speranza era ormai svanita, ha cominciato a fare i conti prima con il dolore, poi con la sua vita passata e presente. All'inizio si è pentito della scelta di separarsi, ma ha dovuto prendere atto che il suo matrimonio non funzionava da anni e che l'incontro con la donna di cui si era innamorato non era stato casuale, gli era servito per chiudere un rapporto che lo stava spegnendo.

Non aveva mai capito fino in fondo quante rinunce aveva fatto pur di mantenere in piedi una relazione finita. Analizzando con attenzione la sua vita, si era reso conto che gli era mancato l'amore: voleva bene a Luisa, ma non l'aveva mai amata. Non aveva voluto ammetterlo fino ad allora perché aveva preferito non prendere coscienza di quanto fossero vuote le sue giornate. Anche se negli ultimi mesi era stato molto male, si era sentito di nuovo vivo.

Ora il suo intenso bisogno di amare era intollerabile. Per anni lo aveva soffocato e, nel momento in cui lo aveva riscoperto, aveva dovuto rinunciarci. Si aggrappava al pensiero ossessivo dell'altra donna per distrarsi dal vero problema: la sua vita era priva di senso. Non solo si era accontentato di un rapporto senza slanci né passione, ma neppure il suo lavoro era così soddisfacente. Forse non era mai stato davvero felice. La relazione, anche se finita male, gli aveva permesso di aprire gli occhi su quello che stava accadendo.

Come spesso succede, un momento di crisi è anche il primo giorno di una nuova vita, e così è stato anche per Mario. Pian piano ha ripreso in mano la propria esistenza. Ha parlato con onestà con la moglie: fermo nella decisione di separarsi, ha cercato comunque di riprendere un dialogo civile con una persona che era stata una parte importante della sua vita. Lo stesso ha fatto con i figli: si è scusato per averli coinvolti nella sua vita sentimentale e si è impegnato a recuperare il rapporto che aveva messo alla prova. Non è riuscito a cambiare lavoro, ma ha trovato tempo per dedicarsi finalmente a una sua grande passione trascurata, la scrittura, e ha cominciato a stendere il suo primo romanzo.

La nuova fiducia in se stesso gli ha permesso di vivere con gioia un nuovo inizio, certo che il suo desiderio di amare si sarebbe prima o poi realizzato.

«Non troverò mai più una persona uguale»

Quando Mario era stato lasciato dalla nuova compagna, aveva visto infrangersi un sogno d'amore. Era apparsa nella sua vita come un dono, risvegliandolo dal torpore. Per tanti anni aveva vissuto con la moglie, per la quale aveva provato solo un tiepido sentimento, poi come per miracolo era comparsa lei e la sua esistenza era stata letteralmente stravolta. Di lei gli piaceva tutto, non riusciva a pensare di potersi innamorare di nuovo, era certo che non avrebbe mai più potuto amare nessun'altra.

«Come è possibile che possa accadere di nuovo?» continuava a chiedersi. Era certo che fosse l'unica e l'ultima chance che la vita gli aveva donato. Pensava gli fossero rimaste soltanto due possibilità: tornare a casa dalla moglie o rimanere solo per sempre.

Quando si soffre, di rado si vedono le possibilità. Si è troppo concentrati su quello che si è perso per poter vedere quello che potrebbe arrivare. Su una cosa, però, Mario aveva ragione: non avrebbe mai più incontrato una donna uguale a quella che aveva perso. Perché non esistono due persone uguali, siamo tutti diversi, ognuno ha una sua specificità.

Dopo la fine di un amore è possibile vivere una nuova storia, ma sarà diversa, con una persona diversa e comunque straordinaria. La mente razionale non ama l'ignoto e tende ad associare qualcosa di negativo a ciò che non conosce. Il bisogno di controllo ostacola la capacità di affidarsi: quando qualcosa finisce è difficile credere che quello che si sta vivendo possa essere l'inizio di una fase ancora più bella. Si tratta di accogliere l'ignoto con la fiducia che qualcosa è già pronto per noi, se solo smettessimo di rimanere avvinghiati a ciò che ormai non c'è più.

Mario era rimasto per tanti anni con una donna che non amava davvero, senza interrogarsi se fosse veramente felice e, in seguito, aveva cercato di trattenere una storia nella sua mente pur sapendo che non aveva alcun futuro. Voleva lei e solo lei, perché non riusciva a desiderare l'amore fino in fondo, preferiva la persona al sentimento.

Quando il nostro cuore è aperto l'amore arriva in modo naturale, ma se lo sguardo è fisso su una persona specifica, tutte le energie sono convogliate in quella direzione e la visuale si chiude. Se si cammina con lo sguardo rivolto verso il passato, si rischia di inciampare e non vedere ciò che sta arrivando.

La paura del vuoto

Anche per Luisa, la moglie di Mario, non era stato semplice affrontare la separazione. Aveva subito la scelta senza riuscire a fare nulla. In fondo, non c'era molto che potesse dire. Mario le aveva comunicato semplicemente: «Mi dispiace, non ti amo più. Sono innamorato di un'altra e rivoglio la mia libertà.» Lei era rimasta pietrificata, ma aveva capito subito che qualunque tentativo di trattenerlo sarebbe stato inutile.

Nei giorni precedenti lo aveva visto felice come non era mai stato prima e nel suo cuore aveva intuito, prima ancora di leggere i messaggi. Luisa aveva cinquantasei anni e non aveva mai pensato a una vita senza Mario quando progettava il suo futuro, non era neppure tra le opzioni possibili. Immaginava di andare in pensione, godersi i nipotini, di certo non aveva messo in conto una separazione alla sua età.

La nuova compagna del marito aveva vent'anni meno di lei ed era stato un duro colpo per Luisa, che si era sentita all'improvviso il peso degli anni addosso, il corpo non più giovane e una vita da ricostruire.

Lei non aveva mai lavorato, insieme a Mario avevano deciso che si sarebbe occupata della casa e dei bambini. Quando se ne era andato, il marito le aveva assicurato che avrebbe continuato a darle quello che le serviva, come aveva sempre fatto. I figli, ormai grandi, studiavano entrambi in un'altra città ed erano autonomi. Rimaneva da sola, in una casa improvvisamente vuota. Il silenzio era insopportabile, le sue giornate ripetitive e prive di impegni. Anche il tempo che dedicava alla preparazione dei pasti, alla spesa, alle pulizie si era dimezzato e svuotato di senso.

Quando scendeva la sera era presa dall'angoscia. Per la prima volta si trovava a dormire senza nessuno in casa: in cinquantasei anni non era mai accaduto che passasse una notte da sola. Qualunque rumore la faceva sobbalzare. Piangeva ore e ore in silenzio, spaventata e triste.

Si vergognava a parlare della sua situazione alle poche persone che conosceva, non aveva detto nulla neppure alla famiglia d'origine, sperando che prima o poi Mario tornasse.

I fine settimana erano i momenti peggiori. Viveva in una piccola città e i negozi la domenica chiudevano, le strade restavano deserte e la solitudine era così intensa da toglierle il fiato. In quei momenti chiamava Mario con una scusa. Lui rispondeva in modo gentile, ma la cordialità formale la feriva ancora di più. Dopo ogni conversazione si rimproverava per essere stata debole, si sentiva in colpa e desiderava che tutto finisse al più presto.

Aveva immaginato tantissime volte il momento in cui lui, pentito, la avrebbe richiamata. Fantasticava che dicesse di aver capito lo sbaglio e che l'amava ancora. Eppure, in quei frangenti qualcosa dentro di lei si ribellava, come se non riuscisse a crederci fino in fondo, come se una vocina le sussurrasse che, forse, era stato meglio anche per lei. La voce era così flebile che poteva fingere di non sentirla; allo stesso tempo era abbastanza insistente da destabilizzarla.

Una domenica stava per chiamare Mario, ma poi si era fermata e si era vietata di farlo. Era andata in chiesa, sperando di trovare conforto nella preghiera. Non era praticante, ma in quel momento aveva sentito una spinta a uscire. Alla fine della messa, quando stava già per andarsene, il parroco aveva parlato di una nuova iniziativa, un programma di volontariato per istruire i bambini in Africa. Luisa aveva una formazione da insegnante, anche se non aveva mai lavorato, e l'idea l'aveva colpita moltissimo. Ci aveva pensato per un po' e si era candidata per partecipare: sentiva che essere utile a qualcuno l'avrebbe aiutata davvero e che avrebbe potuto donare il suo amore a chi ne aveva bisogno.

Ho rivisto Luisa dopo un anno ed era un'altra persona. Era una donna matura e appagata, più luminosa di quanto l'avessi vista in tanti anni. Mi ha raccontato il lavoro che ha fatto con i bambini, le difficoltà che ha incontrato a vivere in un villaggio così povero, combattendo per ottenere cose per noi scontate e ovvie e, soprattutto, mi ha trasmesso l'emozione di chi sente di contribuire in modo decisivo al miglioramento della vita di qualcuno.

Nel frattempo, era riuscita a costruire con Mario un rapporto di grande amicizia e affetto. Si sentiva finalmente stimata, dalla famiglia e all'esterno, come non era mai accaduto prima ed era grata all'ex marito per aver preso una decisione che, pur attraverso la sofferenza, le aveva donato una nuova prospettiva e una grande fiducia in se stessa.

Quando una storia finisce si lascia andare il partner, magari con sofferenza, ma non si sente il bisogno di mantenerlo nella propria vita o nella testa. Può rimanere nel cuore, accompagnato da una sensazione calda. Il ricordo è dolce, solo a tratti nostalgico, ma sempre accompagnato da un sorriso. Si è grati per quello che si è vissuto insieme, si accetta che le cose possano finire e non ci si accanisce su qualcosa che non può più essere o non è mai stato.

La parte mancante

Rimanere agganciati con il pensiero a un rapporto finito può anche essere un segnale da parte della nostra psiche che è necessario riappropriarci di qualcosa di importante sepolto dentro di noi. Si tratta di una proiezione, in base alla quale aspetti della nostra persona che non conosciamo vengono trasferiti sul partner. Questo meccanismo è più frequente e riconoscibile quando sono coinvolti aspetti negativi, ma può riguardare ugualmente le qualità positive.

Per esempio, vi sarà accaduto di avvertire un forte sentimento di rabbia o disapprovazione nei confronti di qualcuno. Se analizzate bene ciò che provate, vi accorgerete però che a turbarvi è stato qualcosa che ha ben più a che fare con voi che con la persona che ha messo in atto il comportamento «disturbante».

Nel caso della proiezione per un rapporto finito, può accadere che il partner condivida caratteristiche della nostra personalità che spingono per essere viste e riconosciute. Se continuiamo a pensare a lui o a lei, potrebbe trattarsi di una specie di promemoria che ci ricorda dell'esistenza di queste caratteristiche negate. Magari il partner è una persona libera, più di quanto noi ci concediamo di essere; oppure ha un lato creativo simile a quello che vorremmo coltivare dentro di noi, ma non lo abbiamo mai fatto. Forse è una persona di potere o di successo ed è giunto il momento per noi di sviluppare il nostro potenziale.

A volte a legarci sono gli aspetti negativi. Per esempio, se non sopportiamo le dimostrazioni di rabbia, potrebbe dipendere dal fatto che noi stessi fatichiamo a rapportarci a questa emozione. Forse l'abbiamo rimossa e non ci concediamo la possibilità di arrabbiarci, magari per paura di quello che potrebbe accadere se ci sfogassimo.

Capita spesso che non si riesca a lasciar andare una persona per non fare i conti con la collera o l'invidia. Mantenere l'immagine del partner idealizzata impedisce alla rabbia di emergere. Questo meccanismo è tipico di chi rifiuta e condanna alcune emozioni e non può quindi concedersi di provarle. Oppure, alla base potrebbe esserci il ricordo di qualcuno che si è arrabbiato con noi o di quando siamo stati rimproverati per aver perso le staffe. Insomma, se ci smuove qualcosa, in qualche modo ci riguarda, altrimenti ci sarebbe indifferente.

Gli eventi di per sé sono neutri, cambia il modo in cui li percepiamo e in cui reagiamo: la differenza sta in noi, non in ciò che accade all'esterno. Contano l'interpretazione che diamo all'evento e lo specifico significato che ha per noi. Rimanere legati a qualcuno, quando ormai è finita, può essere il segnale che dovete portare alla luce quella parte di voi che avete trasferito su di lui o lei.

Cercare la risposta significa analizzare il senso profondo che quella persona ha avuto per noi e la ragione per cui siamo ancora così legati. Solo quando comprenderemo il vero motivo, intraprenderemo la via verso la soluzione del problema e il pensiero smetterà di colonizzare la nostra mente.

Spesso però evitiamo di interrogarci, perché è complesso e faticoso. Si vorrebbe una soluzione facile e veloce, una specie di pozione per smettere di soffrire. Per amare è necessario imparare a gestire il dolore, senza lasciarsi spaventare. Solo così si diventa adulti. Naturalmente, non mi riferisco alla sofferenza inutile, quella che non conduce da nessuna parte. La sofferenza di cui parlo è quella dell'adulto che ha compreso che la vita, e quindi l'amore, non è affatto semplice. L'adulto sa che le cose non avvengono per magia, ma grazie a un costante lavoro su se stessi, condotto allo scopo di diventare ciò che si è.

«Penso soltanto a te»: la differenza tra amore e ossessione

Ricordate la bellissima canzone di Lucio Battisti? «*Io lavoro e penso a te... Torno a casa e penso a te... Le sorrido, abbasso gli occhi e penso a te. Non so con chi adesso sei, non so che cosa fai, ma so di certo a cosa stai pensando...*» Se la conoscete, sapete molto bene di cosa parla e quello che si prova quando l'amato occupa tutti i pensieri ed è presente in ogni momento. C'è anche quando non è fisicamente presente.

Durante la fase dell'innamoramento è normale vivere questa esperienza, poi la vita riprende e ci si riappropria di tutto quello che si era tralasciato nell'euforia. Ma qual è la differenza tra l'amore e l'ossessione? L'amore è un sentimento di affetto intenso e profondo: le esigenze della propria felicità contano quanto le esigenze dell'altra persona. L'ossessione, al contrario, è un sentimento intenso ma distorto, che comporta un desiderio e una focalizzazione costanti verso l'altro. In questo caso, la propria felicità prevale spesso su quella dell'altra persona, generando comportamenti insistenti e possessivi.

L'amore è percepito come una sensazione di calore nel corpo, l'ossessione è fatta soprattutto di pensieri e crea malessere. L'amore è motivato da sentimenti di interesse profondo, di compassione, di rispetto e di profondità, mentre l'ossessione è un sentimento avvolgente che riflette uno stato emotivo instabile. L'amore è una scelta consapevole, mentre l'ossessione deriva da una profonda vulnerabilità. L'amore per essere tale deve essere reciproco, mentre l'ossessione può essere unilaterale. L'amore apre alla vita, fa volare in alto, verso nuovi orizzonti, l'ossessione chiude la visuale, l'attenzione è tutta concentrata sulla persona da cui si è ossessionati, riducendo gli stimoli vitali e rendendo vuoto ogni momento. Nell'amore dominano il rispetto e la felicità per il partner, nell'ossessione vincono il controllo, la paura e l'invidia per tutto ciò che attrae l'altro al di fuori di noi.

Un altro tormentone che talvolta viene confuso con l'amore è quello generato dalla colpa. Forse sapete che alcuni animali, come le capre, le mucche e i cammelli, ruminano, cioè ingoiano grandi quantità di cibo e solo in seguito, quando sono al sicuro, lo fanno rifluire nella bocca per masticarlo e digerirlo. Metaforicamente, è ciò che accade in alcune relazioni: certi avvenimenti sono vissuti sul momento con scarsa consapevolezza per essere poi rianalizzati con meticolosità alla ricerca di possibili colpe.

Un mio paziente, Ettore, mi aveva contattata perché lo aiutassi a liberarsi da quella che era diventata ormai un'ossessione. Aveva avuto una relazione con Elsa, una donna sposata. Lei lo aveva lasciato senza troppe spiegazioni e, dieci anni più tardi, era tornata a cercarlo, pur essendo ancora impegnata. I due avevano riallacciato il rapporto con le stesse modalità, almeno finché Elsa aveva subito un banale intervento, diventato poi il pretesto per diradare gli incontri, adducendo scuse e giustificazioni. Lei si mostrava al tempo stesso distante e «controllante», eppure Ettore continuava ad assumersi la colpa di un rapporto che non funzionava.

«Continuo a ripensare a quello che è successo per capire dove ho sbagliato. So di avere un problema con le relazioni e mi incolpo di aver trasferito i miei problemi su di lei. Ripasso in rassegna per l'ennesima volta tutto quello che è successo. La mia mente è fissa sull'ultima telefonata. Sono scattato dopo l'ennesima bugia, o quella che credevo fosse una bugia, anche se ora non sono più certo che stesse mentendo.»

Ettore sapeva benissimo che Elsa mentiva regolarmente, ma ogni volta rimetteva in discussione se stesso per giustificare i comportamenti di lei. Non credeva pienamente a quello che viveva e sentiva: aveva bisogno di prove concrete per avere la certezza di ciò che stava accadendo. Non si fidava affatto di ciò che vedeva: era come se avesse bisogno di un testimone, pronto a giurare che quello che lui constatava era reale e non il frutto delle sue fantasie. Naturalmente, Elsa contribuiva a questo meccanismo negando ogni volta tutte le allusioni o le accuse al riguardo.

«Mi ripeto le sue parole: "Tesoro, dobbiamo vederci." Ma come? Poche ore prima mi aveva detto che non stava bene, che non riusciva a muoversi, e all'improvviso chiedeva di incontrarci. Ero confuso, persino spaventato. Erano due mesi che quasi non ci vedevamo a causa dell'intervento, un'operazione banale che però aveva richiesto una convalescenza più lunga di quello che si aspettava. Era vero? Non l'ho mai saputo.»

Quando, dopo due mesi, Elsa aveva chiesto improvvisamente a Ettore di vedersi, lui era andato in confusione e, come spesso accade in queste circostanze, il rimuginio e la ruminazione erano diventati ancora più intensi.

Davanti a qualcosa di imprevedibile, una mente già fragile vacilla e comincia a pensare, sperando di trovare una soluzione che possa ripristinare l'equilibrio. Si tratta di un tentativo fallimentare, ma chi è intrappolato nel pensiero ossessivo è convinto che pensare sia l'unico modo per uscirne.

«L'idea di rivederla mi aveva fatto ricadere in uno stato d'angoscia. Quando eravamo lontani ero più tranquillo, soprattutto se lei si comportava comunque in modo affettuoso. Sentivo di aver bisogno di lei, eppure sapevo che era rischioso dipendere da quella donna. Mi tornavano alla mente le angosce della volta precedente, dieci anni prima, quando l'avevo implorata, disperato, di non andarsene. Allora mi aveva detto che era finita perché non voleva problemi e considerava la mia vita troppo impegnativa. Mi aveva ferito molto, ma quando era tornata l'avevo riaccolta con trasporto. Questa volta, mi aveva assicurato, era tutto molto diverso, il nostro amore era più maturo. Il problema, la prima volta, ero stato io; e anche in questo caso sembrava così: io, con le mie richieste, le mie aspettative, la mia voglia di vederla. Non aveva affatto accennato al discorso che era una donna sposata e poco disponibile, quello per lei non contava.

«Nonostante ciò, continuavo a rimuginare sul fatto che se fosse finita, come il suo comportamento mi faceva credere, sarebbe stato solo per colpa mia. Era impossibile dire a me stesso: "Non voglio più portare avanti questa storia. Anche se mi dispiace, non va più bene per me."»

Ettore era convinto di amare Elsa alla follia, pur riconoscendo di stare meglio quando lei era lontana. Il fraintendimento, in questo caso, era dovuto alla quantità di pensieri che rivolgeva alla donna, alla relazione che avevano avuto e, soprattutto, a come era finita. Siccome pensava tanto a lei e al loro rapporto, ne deduceva che, forse, l'amava ancora. In pratica usava l'equazione: più ti penso, più ci tengo. Per lui era molto difficile accettare che la storia non potesse continuare perché insostenibile. Il senso di colpa per aver smesso di amare una donna che credeva potesse ancora amarlo lo stava divorando.

In realtà pensare tutto il giorno a qualcuno non significa amare; allo stesso modo, se una persona non è sempre nei nostri pensieri, non è detto che non l'amiamo. L'amore non sta nella testa, sta nel cuore.

8
«Non voglio più soffrire»

«Non voglio più soffrire» è la prima cosa che viene da considerare quando ci si sente delusi, arrabbiati o si sta male per la fine di una relazione. Lo abbiamo pensato tutti almeno una volta. Chi crede che l'amore vero sia quello che dura per sempre, quando una storia finisce pensa: «È andata male anche stavolta», come se l'unico scopo di una frequentazione fosse arrivare alla morte insieme e gli altri rapporti rappresentassero soltanto goffi tentativi prima di incontrare la persona giusta. Quando ci si accorge che si trattava invece della persona sbagliata, per così dire, la tentazione è quella di chiudersi in se stessi, rinunciando all'amore.

La strategia di evitamento della sofferenza può funzionare nell'immediato, ma prima o poi comparirà qualche segnale di disagio. In genere accade all'improvviso: senza una ragione apparente l'equilibrio creato inizia a vacillare. Un sintomo prima lieve e poi sempre più importante segnalerà la presenza del problema e non sarà più possibile rimandare.

Lasciate che vi racconti di Annalisa, una donna che ho conosciuto attraverso i social, la cui storia vi aiuterà a comprendere meglio il meccanismo.

«Sono un'introversa e per me stare da sola è sempre stato più facile che stare insieme a qualcuno. Passare il tempo tra i miei libri e le mie passioni è sicuramente meno rischioso che affidarmi a qualcuno. Stare da sola mi fa sentire al sicuro.»

Annalisa aveva molti interessi, tutti solitari. Fin da piccola preferiva giocare da sola o con un'amichetta del cuore. Non aveva sviluppato completamente le sue abilità sociali e definiva gli altri «gli umani», come se per lei fossero una razza a parte. Non li capiva proprio, ne era terrorizzata. Non comprendeva perché si ferissero reciprocamente, perché tradissero, mentissero o manipolassero. Viveva tutto in modo molto intenso e si confrontava poco con i suoi amici riguardo a quello che provava. Non coltivava legami tanto profondi da poter condividere ciò che le accadeva senza correre il rischio di rimanere ulteriormente ferita. Aveva avuto poche storie, piuttosto brevi, in cui era sempre stata compiacente, per evitare conflitti. Si considerava «una con cui è semplice stare insieme». Non creava problemi, non avanzava grandi richieste, prendeva quello che le veniva offerto. In ambito professionale, invece, grazie alla sua grande forza di volontà, aveva raggiunto traguardi importanti, si sentiva sicura e disinvolta e non aveva mai avuto esitazioni. Lei stessa aveva affermato più volte che avrebbe voluto avere nel rapporto con gli altri la stessa fiducia che l'accompagnava sul lavoro.

Mi aveva contattata a causa di inspiegabili attacchi di panico che con il passare del tempo erano diventati sempre più frequenti. Sentiva una morsa al petto che le impediva di respirare normalmente e di cui voleva liberarsi. La prima volta le era accaduto durante una visita a un acquario. C'era molta gente e Annalisa aveva provato un disagio intenso, si era sentita costretta e aveva maturato il bisogno di scappare, ma la fila le aveva impedito il passaggio. Il cuore aveva cominciato a battere veloce, il fiato corto le aveva reso problematico respirare e aveva pensato di essere sul punto di morire. Era corsa fuori e solo dopo aver raggiunto l'uscita, rannicchiata a terra, si era calmata. Nonostante il profondo sconforto vissuto, aveva attribuito il malessere alla stanchezza e alla calca.

Dopo una settimana, le era successo di nuovo, questa volta mentre attraversava un ponte in autostrada. E poi ancora, in ufficio, e poi di notte. Infine, aveva cominciato a vivere nel terrore anche quando non aveva gli attacchi, per paura che potessero ripresentarsi. Soltanto a questo punto aveva deciso di chiedere aiuto.

Non aveva mai collegato il malessere alla paura di soffrire per amore, fino a che un sogno non le aveva riportato alla mente un episodio. C'era stato un momento nella sua vita in cui aveva scelto di chiudere il suo cuore e, durante la notte, lo aveva rivissuto in modo vivido.

«Ricordo l'istante in cui è accaduto: ero giovane, ingenua e innamorata e quello che mi è successo era inconcepibile per me. Ero rimasta incredula, disperata, paralizzata, incapace di dare un senso a quello che stava succedendo: l'uomo che amavo e che credevo mi amasse mi aveva profondamente ferita. Non riuscivo a capire per quale motivo avesse fatto una cosa tanto grave, il mio cuore di bambina era stato brutalmente spezzato.

«Io e Marco stavamo insieme da sette mesi, eravamo in sintonia. In estate avevamo passato una bellissima vacanza insieme e lui al ritorno mi aveva chiesto di sposarlo. Io ero felice, non me lo aspettavo così presto, ma poi mi sono detta: "Perché no?" Avevamo riso e festeggiato tutta la sera. L'indomani ero partita per lavoro. Durante la mia trasferta mi aveva cercata poco, ma non ci avevo dato peso. Al mio ritorno lo avevo chiamato per sapere se sarebbe venuto a prendermi in aeroporto, come faceva di solito, e non mi aveva risposto. Allora, preoccupata, sono andata subito a casa sua. Giunta davanti al portone, l'ho visto uscire con un'altra. Sono rimasta così sconvolta che non ho avuto neanche la forza di farmi vedere. Gli ho mandato un messaggio dopo qualche ora raccontandogli la mia scoperta. Speravo mi desse una spiegazione a cui aggrapparmi. Non l'ha visualizzato nemmeno. Non l'ho più cercato né lui ha cercato me.

«L'ho incontrato per caso tre mesi dopo. Mi ha fermata per strada e, come se non fosse successo nulla, mi ha detto che gli ero mancata e mi ha chiesto di vederci la sera a cena, senza accennare a quello che era successo.

«Mi sembrava impossibile che qualcuno potesse comportarsi in modo così incomprensibile. Appena ho provato a tornare sull'accaduto, si è girato e se n'è andato, dicendo che non aveva intenzione di discutere su una cosa ormai passata e che ero pesante. Il mio cuore è diventato di pietra, ho sentito due fasce di acciaio stritolarlo, bloccarlo definitivamente. Così, con il cuore chiuso, ero finalmente al sicuro.»

Annalisa non ha più voluto vivere quel dolore e ha promesso a se stessa che non avrebbe più amato. È seguito un lungo periodo in cui si è servita degli uomini per il sesso, per uscire e per divertirsi. Non appena qualche storia sembrava funzionare la interrompeva di colpo, esattamente come l'ex aveva fatto con lei. Non le importava di causare sofferenza, non sentiva nulla e le andava bene così.

La sua strategia difensiva ha funzionato per un po' e le è sembrato di aver raggiunto quello che voleva. Non avrebbe mai più permesso a nessuno di farle del male.

«Chi ti ama non ti fa soffrire»

Molti sono convinti che chi li amerà davvero sarà attento e non farà mai nulla per ferirli. In realtà le persone per cui soffriamo di più sono quelle che più amiamo. Se una persona ci interessa poco, difficilmente causerà grandi sconvolgimenti nelle nostre vite. Solo chi amiamo ha il potere di mettere a soqquadro il nostro cuore e la nostra esistenza. Più grandi sono le aspettative, maggiore è il rischio di rimanere delusi, traditi o feriti. Gli esseri umani sbagliano (in realtà sbagliavano anche gli dèi), ma questo non significa che sia necessario chiudersi in una torre e vivere lontano dal resto del mondo. È raro che le persone facciano del male intenzionalmente, di solito sono troppo concentrate su se stesse perché questo accada. Quando feriscono accade più per motivi personali che per una precisa volontà. Chi ama è un essere umano con i suoi limiti e sì, capita che in certi momenti possa ferire. Questo non significa legittimare o giustificare comportamenti scorretti nella coppia, ma avere una visione realistica della relazione. I rapporti perfetti non esistono, e neppure le persone perfette. Chi decide di aprirsi all'amore sa che esiste il rischio di star male e lo accetta.

A turbare Annalisa nella storia che aveva vissuto da giovane era stato il comportamento del tutto insensato del suo ex. «Perché si è comportato così? Perché chiedermi di sposarlo il giorno prima per tradirmi il giorno dopo?», «Mi aveva sempre tradita?», «Mi aveva mai amata?», «Ho fatto io qualcosa?» Infinite domande a cui non aveva potuto dare una risposta. Per lei era stato troppo. Non riusciva a concepire un comportamento così diverso dal suo e, insieme al dolore per l'accaduto, c'era anche la sicurezza di essere profondamente diversa, non solo dal suo ex, ma dal resto del mondo. Era sempre stata attenta a non ferire nessuno. Cercava di interpretare ogni gesto delle persone con cui interagiva per timore di urtare la loro sensibilità. Più volte aveva rinunciato a quello che davvero voleva pur di non dispiacere le persone con cui interagiva. Molte altre volte aveva espresso opinioni in cui non credeva fino in fondo per dare conforto a qualcuno. Con il suo ex era stata sempre comprensiva e disponibile, lo aveva lasciato libero di fare tutto quello che voleva. Non aveva mai chiesto nulla che non fosse certa lui avrebbe fatto volentieri. Bloccava sul nascere ogni suo desiderio se pensava che avrebbe potuto dispiacergli in qualche modo.

Dopo il tradimento aveva sentito un intenso bisogno di sparire, nascondersi da qualche parte e non farsi più trovare, via per sempre. E visto che non poteva farlo, si era chiusa dall'interno.

Annalisa è stata tradita, ha subito un colpo durissimo, ma chiudersi all'amore non è mai la soluzione. L'amore è il nutrimento della vita e un cuore di pietra, nel tempo, si farà sentire attraverso un disagio.

«Meglio soli...»

Dopo la fine della sua storia, Annalisa aveva frequentato diversi uomini. Aveva avuto anche una storia con una donna, immediatamente dopo la rottura. Erano state tutte relazioni di poco conto, con uno scarso coinvolgimento da parte sua. Le sembrava di stare meglio da sola. Aveva ridotto al minimo le relazioni che erano per lei fonte di stress.

Ogni piccolezza le provocava dolore, non riusciva a comprendere i comportamenti delle persone. Era incredibilmente colpita dalle ingiustizie, dalle invidie, dalle critiche. Viveva tutto molto intensamente, forse troppo. Capiva che per gli altri non era così. Gli «umani» non avevano bisogno di riposare dopo un pranzo con più di sei persone, lei si sentiva sfinita. Loro non si sentivano colpiti nel profondo se ascoltavano una brutta notizia alla tv, mentre lei rimaneva turbata per giorni. Non davano peso a tutte le parole che venivano pronunciate, lei ascoltava con attenzione tutto quello che diceva il suo interlocutore. Non cercavano una soluzione a ogni problema di cui venivano a conoscenza, lei se ne occupava finché non aveva risolto la questione. Loro amavano andare nei centri commerciali la domenica pomeriggio, lei dopo cinque minuti sentiva l'esigenza di fuggire a causa dei rumori e della folla. Perfino la musica era per lei fonte di disagio se ascoltata in macchina, posto da cui non poteva allontanarsi.

Insomma, la sua vita era davvero impegnativa. Stare da sola e in un ambiente tranquillo era la scelta migliore. In fondo lo aveva sempre saputo, ma per un po' aveva creduto che una relazione fissa potesse aiutarla a stare in compagnia, senza doversi barcamenare fra diverse relazioni. Solo dopo aver iniziato il suo percorso, Annalisa ha scoperto di essere una Pas, una persona altamente sensibile.

Chi sono le persone altamente sensibili

- Se per voi *Bambi* è il film più violento che potete guardare;
- se davanti a una scena appena appena commovente iniziate a piangere come una fontana;
- se quando vi invitano a un compleanno pensate con orrore che sarete più di otto persone;

- se notate più dettagli di Sherlock Holmes;
- se quando progettate una vacanza scegliete luoghi sperduti e lontani dalla folla;
- se i rumori improvvisi vi fanno balzare come una molla;
- se nessuno può nascondervi il suo stato d'animo;
- se siete particolarmente suscettibili al dolore...

... può darsi che siate anche voi altamente sensibili.

Le persone ipersensibili hanno una marcia in più: sono molto empatiche, riflessive e attente ai dettagli. Purtroppo, vivendo tutto con estrema intensità, possono sentirsi ferite più facilmente dagli altri. Le reazioni di una persona altamente sensibile di solito non vengono comprese. Effettivamente può essere molto difficile per un partner capire la rabbia o la profonda disperazione davanti a quello che pare essere un semplice litigio.

Nelle sue relazioni, Annalisa non era mai stata in grado di mettere confini chiari, era incapace di dire di no o accettare la possibilità di deludere qualcuno. Cercava in tutti i modi di nascondere i propri bisogni e si scusava di continuo con tutti e per tutto, anche per azioni che non aveva fatto. Per lei il conflitto era tanto intollerabile che faceva in modo di evitarlo. Questo rendeva le relazioni complicate per se stessa e per gli altri. Per le persone con cui interagiva era impossibile capirla fino in fondo. Tendeva a essere compiacente e quindi non era chiaro cosa le piacesse davvero, inoltre non parlava mai di quello che sentiva. Persino le critiche diventavano un problema e qualunque parola detta con un tono appena pungente suscitava in lei forti reazioni. Era abituata a leggere le espressioni del volto per comprendere gli altri, ma le persone che frequentava non erano come lei; per questo rimaneva delusa quando gli amici o il partner non comprendevano i suoi stati d'animo.

Quello di cui non aveva ancora preso coscienza era che non c'era nulla di sbagliato in lei, ma in realtà neanche gli altri potevano essere considerati responsabili del suo dolore. Non aveva mai messo a fuoco questo aspetto: le altre persone non avevano il suo stesso talento. Se non voleva che diventasse un limite e voleva sfruttarlo a proprio vantaggio, doveva conoscerlo.

«Non voglio deluderti»

La sensibilità di Annalisa era anche il motivo per cui attirava uomini problematici. Rivedendo dall'inizio la sua relazione «tipica» era stato abbastanza semplice comprendere come funzionava l'incastro. La regola era «facciamo tutto quello che vuoi tu, a me va bene qualsiasi cosa». Lui sceglieva cosa fare, dove andare, quando vedersi e lei diceva sempre di sì. Annalisa era gentile e disponibile con tutti, senza ascoltare se stessa. Era vero che lui non si era mai accorto che in molte occasioni lei avrebbe preferito fare altro; del resto, lei non si era neppure mostrata per come era davvero. Aveva paura di deluderlo o di discutere, quindi non rifiutava mai nessuna proposta. Come aveva detto, era semplice stare con lei.

Il rischio per una persona altamente sensibile è quello di cadere tra le braccia di qualcuno che approfitta delle sue capacità di leggere nel volto e spesso anche nei pensieri. La sua estrema attenzione per ogni sfumatura del tono della voce, delle parole, della postura la rende capace di anticipare le necessità del partner.

Quando questa modalità diventa uno schema di relazione, si crea un rapporto asimmetrico in cui uno decide e l'altro si adatta. Un rapporto simile non è certo reciproco. L'amore è una danza in cui ci si muove allo stesso ritmo, altrimenti si corre il rischio di pestarsi i piedi. Rinunciare ai propri bisogni trasforma il rapporto in una prigione da cui prima o poi si sentirà il bisogno di scappare.

Annalisa aveva spesso scatti di rabbia a cui non riusciva a dare una spiegazione. Pensandoci bene non è poi così strano che chi rinuncia a se stesso ogni tanto esploda. Quando arriva all'esasperazione spesso accusa l'altro per le proprie rinunce. In fondo l'ex non le aveva mai chiesto di essere compiacente e, a dire il vero, non sappiamo neanche se lui volesse veramente essere assecondato.

Non possiamo sapere come sarebbe andata la storia se Annalisa avesse manifestato la propria volontà senza timori. Una cosa è certa: essersi mostrata diversa non l'aveva aiutata a mantenere vivo il rapporto. Ma quell'incontro, tutto il dolore, l'ha portata a conoscersi meglio.

Anche chiudersi rinunciando all'amore significava rinnegare se stessa e i suoi attacchi di panico lo stavano urlando a piena voce. Non poteva più non ascoltarsi, si stava ammalando.

Sentiva che le mancava qualcosa di importante: se stessa. Si era illusa di non poter soffrire, ma non era mai stata del tutto felice.

Quelle fasce di acciaio attorno al cuore, che in passato l'avevano protetta, ora erano diventate la causa del suo dolore.

Come appaiono le persone altamente sensibili?

Annalisa aveva l'impressione di non essere compresa e in fondo era vero. Quando parlava di quello che viveva, molto spesso si sentiva rispondere: «Che vuoi che sia.» Alla fine aveva smesso di condividere, pensando fosse inutile esprimere emozioni o stati d'animo se voleva dire essere sminuita.

Le era capitato di piangere per giorni per discussioni di cui gli altri non si ricordavano neppure. Si era scusata più volte con le amiche per azioni che aveva compiuto e che loro non avevano neppure notato. Aveva cercato di chiarire situazioni sentendosi rispondere: «Non so a cosa ti riferisci.» I pensieri che per Annalisa erano motivo di tormento per la maggior parte delle persone erano semplici dettagli. Risultava e si sentiva pesante in molte occasioni. Effettivamente era incapace di leggerezza. Per lei tutto era importante, le sue conversazioni erano sempre profonde e tendeva a concentrarsi sugli aspetti negativi della vita e soprattutto di se stessa.

L'immagine che trasmetteva era quella di una persona schiva ed esagerata nelle reazioni. Le sue amiche le dicevano che sembrava non le interessasse divertirsi, ma Annalisa non era d'accordo. Lei amava la vita, ma se ne sentiva esclusa, come se non fosse alla sua portata. Le continue sollecitazioni che riceveva, normali per gli altri, le provocavano reazioni forti che non riusciva a controllare e di cui non si era resa pienamente conto fino a quando non ci siamo incontrate.

Molti amici avevano smesso di invitarla alle uscite di gruppo perché spesso rifiutava con la scusa del lavoro. Era vero che lavorava tanto, ma la vera ragione era che non amava frequentare molte persone insieme. Quando loro si incontravano in qualche locale lei non li raggiungeva perché era disturbata dalla musica ad alto volume.

Se un'amica le muoveva una piccola critica, si chiudeva a riccio per diversi giorni, senza alcuna spiegazione, sicura che tanto non l'avrebbe capita e convinta comunque che la sua reazione fosse del tutto legittima. Era una fantastica confidente, ma vista la sua sensibilità la cercavano quasi esclusivamente persone in crisi. Le sue conversazioni vertevano sempre sui problemi, generalmente degli altri. Quando il momento difficile passava, di rado la chiamavano per qualcosa di divertente.

Annalisa si è interrogata su tutto questo.

Quando ha capito che alcune cose che le succedevano dipendevano anche dal suo modo di porsi, ha cambiato atteggiamento. Continuava a essere sensibile, ma ha cominciato a usare questa caratteristica in modo consapevole. A un certo punto si è detta: «Basta chiudersi a riccio, perché le persone vedono solo gli aculei.» Era proprio così, e lei voleva mostrare anche il resto. Non capiva gli «umani», esattamente come loro non capivano lei: doveva trovare un linguaggio in comune se voleva riuscire a conoscerli meglio e a farsi conoscere. Sapeva che all'inizio si sarebbe sentita ancora più ferita, ma stava imparando a conoscere gli altri, e frequentandoli di più, con la mente aperta, sarebbe stato sempre più semplice. Doveva sviluppare una certa curiosità, smettere di fare i confronti e imparare. Certo, il lavoro maggiore sarebbe spettato a lei perché gli «umani» tra loro si capivano già, ma era una persona intelligente; sarebbe stata una bella sfida.

Le caratteristiche di una persona altamente sensibile

Se pensate di essere anche voi persone altamente sensibili, di seguito trovate alcuni indicatori che potrebbero aiutarvi a capirlo.

1. *Elevata percezione emotiva.* Le persone altamente sensibili tendono ad avere una grande attenzione ai sentimenti degli altri.
2. *Intuizione profonda.* Le persone altamente sensibili danno molta importanza alle loro intuizioni e spesso agiscono in base a ciò che percepiscono.
3. *Visione più ampia.* Le persone altamente sensibili tendono ad avere una visione più ampia delle situazioni e delle persone che incontrano.
4. *Solitudine necessaria.* Le persone altamente sensibili hanno bisogno di più tempo da spendere in solitudine per ricaricare le loro energie.
5. *Empatia.* Le persone altamente sensibili spesso hanno un forte senso di empatia verso le persone intorno a loro.
6. *Facilità di apprendimento.* La maggiore attenzione e la profondità di pensiero delle persone altamente sensibili rendono loro l'apprendimento più semplice.
7. *Sensibilità al cambiamento.* Le persone altamente sensibili possono essere destabilizzate dai cambiamenti rapidi o inaspettati.
8. *Comprensione dei dettagli.* Le persone altamente sensibili in genere si concentrano sui dettagli piuttosto che sul quadro generale.
9. *Ideazione creativa.* Le persone altamente sensibili sono spesso dotate di grande creatività.
10. *Riflessione profonda.* Le persone altamente sensibili tendono a prendersi del tempo da sole per riflettere su argomenti più profondi.

«Se ho paura di soffrire, sono una persona altamente sensibile?»

Le persone altamente sensibili soffrono per situazioni che alla maggior parte delle persone non creano alcun disagio, come abbiamo visto nei paragrafi precedenti. La loro soglia del dolore è bassissima, ma non per questo lo temono. Diverso è invece chi si rifiuta di viverlo: la paura della sofferenza può portare a evitare situazioni in cui si potrebbe stare male, limitando così la propria esistenza.

Il dolore fa parte della vita e i tentativi di evitarlo sono inutili. Anzi, generalmente sono proprio questi a procurare sofferenza. In diverse occasioni le paure sono alimentate dalla nostra mente, e in molti casi il problema è più quello che pensiamo e di cui siamo convinti che la realtà che stiamo vivendo.

La nostra mente proietta film su eventuali catastrofi future, spesso anche molto improbabili, e ci crede. Sì, crede a ciò che teme, come se fosse vero!

Tutto questo può generare ossessioni: immagini, parole o spinte verso un comportamento che si insinuano nella mente in modo automatico e ripetuto. Le intrusioni sono percepite come disturbanti e fuori dal controllo volontario, in poche parole si pensa di non poterle evitare. Le emozioni associate a questi pensieri, immagini o impulsi sono l'ansia, il senso di colpa, la vergogna e la paura.

Le ossessioni possono manifestarsi in diversi modi.

- Dubbi: comincio a pensare a qualcosa che ho detto o fatto; «Ho sbagliato? Avrei dovuto farlo in modo diverso?».
- Comportamenti impulsivi: controllo i messaggi e il mio profilo social, compio azioni che possano rassicurarmi.

- Pensieri o immagini disturbanti: creo scenari da panico.

In genere, il lavorio della mente ha come scopo quello di preservarci da emozioni spiacevoli come la rabbia, la paura, la vergogna, la tristezza.

Chi ha una mente che funziona in modo nevrotico, tende a fuggire dalle emozioni e le sostituisce con il pensiero. Al posto delle emozioni può provare una grande ansia, senso di colpa e la sensazione di non essere a posto.

A questo punto dovrete capire da cosa cercate di fuggire. Ed ecco la rivelazione: la vostra unica e vera paura è quella di vivere le vostre emozioni. Ma la vita è fatta di questo, una vita senza emozioni è una *non* vita. Non potete evitarle per timore di soffrire. Credetemi, è molto peggio il male che vi sta infliggendo la mente con pensieri e immagini che quello che provereste davvero buttandovi.

In altri casi preservarsi dalla sofferenza dipende dal terrore di rivivere un trauma del passato. Non si tratta di paura, ma di vero e proprio panico: se è così, sarebbe meglio rivolgersi a un professionista per risolvere il problema. Il passato è passato, ma quando agisce sul vostro presente, vuol dire che non è davvero archiviato. Se qualcosa sta limitando il vostro diritto a vivere una vita piena e appagante, è giunto il momento di occuparvene.

9
L'attrazione e l'ossessione non sono amore

Non riuscire a comprendere ciò che stiamo provando è uno dei motivi principali per cui le relazioni falliscono. Non di rado accade che, presi dal coinvolgimento tipico dell'inizio di una relazione, possiamo pensare di essere innamorati della persona appena incontrata o, addirittura, di amarla. Succede soprattutto a chi non ha avuto molte esperienze e non sa distinguere tra un'emozione e un sentimento, ma capita anche a chi non è mai giunto a sperimentare un sentimento profondo come l'amore, perché, finita la prima fase, si è sempre rivolto altrove.

Ancora una volta, mi servirò di una storia di vita vissuta per descrivere quali siano i rischi che può comportare una mancanza di contatto e di conoscenza di sé.

Prima del percorso terapeutico, Marco rimaneva ogni volta intrappolato nella rete che lui stesso tesseva. La storia si ripeteva sempre uguale: conosceva una donna da cui si sentiva attratto, la corteggiava fino a farla cedere, dopodiché si stancava e si allontanava.

Durante la fase del coinvolgimento iniziale era in balia di una sorta di fascinazione che lo portava a perdere la lucidità. In questo stato di incantamento prometteva alla donna di cui si credeva follemente innamorato di sposarla e insisteva fino a che lei non accettava la sua proposta. Non appena la sventurata cominciava a parlare in modo concreto della possibilità di convivere, era come se Marco si risvegliasse da un sogno. A quel punto veniva preso dal panico e fuggiva, lasciando la donna incredula e distrutta dalla sofferenza.

Quando lo invitavo a riflettere sulle conseguenze del suo comportamento, appariva genuinamente dispiaciuto, ma si considerava incapace di agire in modo diverso. Era davvero convinto di non poter fare altro: era stato certo di voler sposare quelle donne. Dopo una brusca rottura, era dominato dalla vergogna e non aveva neppure il coraggio di affrontarle per spiegare le ragioni. D'altra parte, cosa avrebbe potuto dire? Si sentiva posseduto da una forza trascinante che offuscava le sue capacità di giudizio compromettendo il suo senso della realtà. Temeva che, confessando il proprio stato d'animo, avrebbero potuto considerarlo un pazzo.

Marco ha impiegato molto tempo per comprendere che non doveva agire sull'onda della spinta emotiva, poiché qualunque cosa avesse fatto o detto in quei frangenti sarebbe potuto risultare falso in un secondo momento o, almeno, non del tutto vero. (Questo accade, tra l'altro, anche a molte donne che si convincono di amare qualcuno soltanto perché non riescono a staccarsene, tralasciando l'importanza dell'attrazione fisica e, a volte, di quella mentale.)

Cerchiamo di capire cosa accade esattamente.

Uno sguardo e...
wow, il mondo non è più lo stesso

Il cuore sembra fermarsi, il respiro è corto, le mani tremano, aumenta la sudorazione, si provano un senso di euforia e le farfalle nello stomaco. Il colpo di fulmine esiste eccome ed è caratterizzato da un'improvvisa e intensa sensazione di connessione con un'altra persona. Si può percepire una scintilla di elettricità che attraversa il corpo, una scarica che si espande dal centro del petto per tutto il tronco, facendo tremare le gambe. Ancora, si ha la sensazione di perdere il controllo, come se una forza estranea si fosse impossessata della mente. L'altra persona ci appare più luminosa e l'attenzione si sposta su di lei, una creatura straordinaria e meravigliosa.

Per quanto intensa possa essere l'esperienza, però, non ha molto a che fare con l'amore. Si tratta infatti di attrazione: una potente forza, come quella magnetica o gravitazionale, che spinge due corpi l'uno verso l'altro. Questa forza attrattiva, che è spesso immediata e può durare un tempo più o meno lungo, viene spesso confusa con altri sentimenti o stati d'animo come l'innamoramento o l'amore. L'attrazione è accompagnata da un intenso bisogno di stare vicini fisicamente, di toccarsi, abbracciarsi e stringersi, anche se può sembrare del tutto illogico. A nulla valgono i ragionamenti sensati e razionali: non si sente ragione, si vuole quella persona a tutti i costi.

L'attrazione non dev'essere necessariamente fisica, può essere anche mentale. In questo caso, ciò che attira dell'altro è il suo modo di ragionare, di parlare o di flirtare. Possono suscitare interesse il suo sistema di valori, le sue convinzioni, il suo stile di vita o il modo in cui si rivolge a noi.

L'attrazione fisica e quella mentale possono coesistere, ma è anche possibile essere attratti fisicamente senza che ci sia alcuna attrazione mentale, e viceversa. Anche nei casi in cui siano presenti entrambi i tipi di attrazione non è detto che, con il passare del tempo, ci si debba innamorare. L'innamoramento è un passo ulteriore in cui si percepisce un maggior coinvolgimento nel rapporto.

L'interesse non è più limitato soltanto all'incontro, ma è mantenuto al di fuori di esso. Volendo usare una metafora possiamo dire che nell'attrazione i diversi incontri sono parentesi che si aprono e si chiudono, come tante perle, più o meno preziose, indipendenti l'una dall'altra. Quando si è innamorati, invece, si desidera qualcosa di più, si vuole creare un filo che le unisca tutte.

L'innamorato desidera vedere l'amato, pensa agli incontri avuti e a quelli che ancora verranno. L'incontro non si esaurisce con un bacio dato alla fine, se ne vuole un altro, e poi un altro ancora. Nell'innamoramento nemmeno il sesso è sufficiente. Si desidera sapere di più sul partner, sulla sua vita, sui suoi sentimenti. Si sente il bisogno di essere leali e ci si aspetta altrettanto dall'altro. Si cerca di capire cosa renda felice il partner, così da poter fare il possibile per farlo star bene.

L'offuscamento della mente

Può essere difficile distinguere un'attrazione da un innamoramento, soprattutto se la prima è molto forte. Quando si comprende che una storia, durata anni, in realtà non era niente di più di un'attrazione, si può rimanere molto delusi.

Quella che segue è una lettera che Antonia, una mia paziente, ha scritto al suo amante, dopo aver concluso un rapporto del tipo appena descritto, durato ben sette anni.

> Ti scrivo perché non credo che riuscirò mai a dirti tutto di persona. So già che, se dovessimo incontrarci ancora, saranno i nostri corpi a parlare, e so anche che non saprò resistere.

Sono debole davanti al richiamo della tua voce, delle tue mani, al tuo profumo, al tuo modo di toccarmi. So bene che finirà come è sempre finita: io persa e tu che te ne vai. Ma voglio dirti ciò che penso e sento. Ho fatto una scelta d'amore. Non ho più voglia di intrattenermi con uomini che mi usano per soddisfare i loro bisogni e non voglio nemmeno che sia io a usare loro. Ho conosciuto un sesso che va oltre i confini del corpo, che porta all'unione delle anime. Mi è successo con te, in qualche momento in cui ti ho sentito profondamente e mi è sembrato che fosse davvero amore. Non so se mi sono sbagliata, ma non importa, per me era reale. Oggi mi proponi una frequentazione tranquilla, senza farci troppi problemi. Sono troppo intelligente per non sapere di cosa si tratta. La traduzione di questa richiesta è chiara: facciamo sesso e non ti aspettare nulla. È ovvio che il messaggio sia rivolto soltanto a me perché per te non c'è alcun rischio. Tu non ti aspetti nulla perché non vuoi nulla da me.
E veniamo al dunque. Il vero problema tra noi non è che non mi hai mai amata, eri addirittura infastidito dal mio amore. Pur senza chiederti nulla, con la mia autonomia e la mia indipendenza, il mio sentimento ti creava qualche problema, ti faceva sentire inadeguato e, chissà, forse in debito. Hai sempre invidiato il mio concedermi totalmente, durante il sesso. Ti eccitava, ma non potevi evitare il confronto con la tua incapacità di lasciarti coinvolgere dalle cose della vita. Persino nel sesso rimanevi distaccato, dopo i primi tempi. Lo facevi addormentandoti subito dopo esserti concesso il piacere, negandoti (e negandomi) qualunque tipo di tenerezza.
Riuscivo a leggere nei tuoi occhi quel guizzo a cui facevano seguito piccole frecciatine. All'inizio si trattava di critiche che tu chiamavi «scherzi», poi è arrivato il colpo di grazia. All'im-

provviso mi hai lasciata, senza degnarmi di una parola. Per te era diventato insopportabile guardare i miei occhi pieni di amore e gratitudine, tu, così roso dall'invidia.
Chino il capo davanti a questa passione divorante, e probabilmente cederò ancora ai tuoi baci, al tuo corpo a cui non so dire di no... per ora. Non rinnego nulla. Ti ho amato e voluto intensamente. Ho desiderato conoscerti a fondo, scoprire chi fossi dietro le infinite maschere con cui ti sei presentato.
Quanto avrei voluto andare oltre le bellissime parole che mi dicevi e le infinite menzogne a cui ho sempre creduto, pur sapendo che non erano vere. So che rimarrò con il dubbio, perché tu sei troppo furbo per farti scoprire. Sei imprendibile, scivoli come un'anguilla, ti camuffi come un camaleonte, ipnotizzi come un serpente e affondi i denti nella carne delle tue prede su cui riversi tutto il tuo veleno, lasciandole morire lentamente. Tu, dispensatore di vita e di morte, che sai arrivare dritto al cuore per pugnalarlo. Hai mai amato qualcuno? Non credo proprio. E penso che questo sia il tuo vero e unico dramma.
Quando la vita volgerà al termine, farai il conto di tutte le donne che ti hanno regalato il loro cuore e che tu hai crudelmente calpestato. Sorriderai soddisfatto, ignaro del fatto che loro, per quanto spezzato, un cuore continueranno ad averlo. E il tuo? Hai negato il tuo amore a ognuna di loro e hai disprezzato l'amore che ti è stato offerto. Cosa è rimasto di tutto questo? Probabilmente non ricordi neppure i loro nomi. Ecco, ho voluto dirtelo, e per farlo ho lottato contro me stessa. So che il mio corpo cederà ancora alle tue lusinghe, ma almeno sai quello che provo e penso.

Dalla lettera traspare molto bene l'ambivalenza di Antonia. Da un lato, la consapevolezza che l'uomo di cui crede di essere innamorata non lo conosce davvero, dall'altro, il coinvolgimento prevalentemente fisico a cui sente di non poter resistere. Molte volte l'attrazione è così potente da impedire l'allontanamento, portando a credere che si tratti di amore o dipendenza affettiva. In molti casi, però, non è tanto l'affetto a creare dipendenza, ma la corporeità. Ciò a cui non si può rinunciare è perdersi tra le braccia del partner. L'eccitazione, il coinvolgimento, l'odore, possono creare un legame ben più potente dell'amore, a cui può essere molto difficile sottrarsi. Antonia afferma di non sapere chi sia davvero l'amato, riconosce le sue bugie, sa di non essere amata, ma il suo corpo non sente ragioni, vuole perdersi ancora in quelle sensazioni.

Ecco la descrizione della mancanza:

«La mia mente era letteralmente rapita, vagava altrove alla ricerca di un posto in cui riposare. La realtà era troppo frustrante per essere vissuta. Avrei voluto essere in un altrove che potesse lenire il mio dolore, ma l'unico luogo che mi veniva in mente erano sempre e solo le sue braccia. Immaginavo il mio corpo distendersi e rilassarsi mentre le sue braccia forti mi tenevano stretta al suo petto. Ricordavo bene il suo profumo. L'odore della sua pelle mi tormentava... non si trattava di un semplice ricordo, io rivivevo esattamente le sensazioni che provavo allora, come una persona traumatizzata rivive i flashback dell'evento a cui ha assistito e che riappare di continuo, come schegge di un passato sempre presente.»

Può stare nel vostro cuore, ma non nella vostra vita

Qualche volta appare molto chiaro che un rapporto non può funzionare: si è troppo diversi e ci sono troppi conflitti. Sono i cosiddetti amori impossibili, tormentati o non ricambiati. «Ma io lo amo» è la frase che impedisce l'allontanamento, la giustificazione per rimanere. Amare una persona, però, non basta. Per creare una relazione è necessario che l'amore sia reciproco. Non tutte le persone che incontriamo nella nostra vita sono destinate a rimanerci. Alcune sono di passaggio, hanno incrociato la nostra esistenza soltanto per aiutarci a capire qualcosa di più di noi stessi e della nostra esistenza. Alcune ci insegnano qualcosa sull'amore, altre sul dolore, altre ancora su come stare in un rapporto e, infine, qualcuno ci aiuta a rinunciare a ciò che non possiamo avere.

Dopo aver messo fine a tutti i pensieri ipotetici e condizionali – «se mi avesse amato», «se mi amerà», «avrei potuto», «avrebbe potuto», «se solo la situazione fosse diversa» e altre frasi dello stesso genere – arriviamo alla conclusione che la storia non è concretizzabile. La realtà è quella che stiamo vivendo e non quella che avremmo voluto che fosse. A quel punto potremmo giungere all'amara consapevolezza che quella persona non può stare nella nostra vita. Magari è troppo inaffidabile, poco coinvolta, troppo aggressiva o troppo sposata.

Non importa la ragione e non contano i film che potete creare nella vostra mente. La realtà è che non potete starci ed è necessario accettare i limiti che la realtà impone.

Non conta che persona straordinaria sia, se non vuole stare con voi. Se è impegnata, non serve fantasticare su come sarebbe stato bello se fosse stata libera, visto che non lo è. Non ha alcuna importanza pensare a quanto potenziale avrebbe, quanto straordinaria sarebbe se iniziasse a fare cose che non fa o smettesse di fare quello che fa. «Se mi trattasse bene, sarebbe una persona meravigliosa»: certo, potrebbe essere, ma la realtà è che vi tratta male. «Se si lasciasse andare, mi amerebbe»: non sapete se si sta trattenendo e non siete neanche certi che, se si lasciasse andare, amerebbe voi e non un altro o un'altra.

Per poter amare è necessario osservare il partner e la situazione per come sono adesso, non per come avrebbero potuto essere o per come saranno, altrimenti correte il rischio di mantenere viva un'illusione perdendo di vista la realtà.

Un'attrazione può diventare amore?

Questa è sicuramente la domanda più gettonata. Chiunque provi una forte attrazione vuole che duri per sempre e, soprattutto, vuole che duri per sempre anche per il partner. Innanzitutto, è necessario ribadire che non è possibile decidere di amare qualcuno, accade e basta. Questo vale per voi e anche per la persona da cui siete attratti.

Però le due cose, l'amore e l'attrazione, non sono legate; anzi, direi che non c'entrano affatto l'una con l'altra. Se qualcuno è fortemente attratto da voi non significa che aumentino le possibilità che si innamori o che l'attrazione diventi amore. Certo, essendoci attrazione c'è la possibilità di vedersi, di frequentarsi e poi, forse, di innamorarsi. L'amore spinge alla conoscenza: si desidera trascorrere del tempo insieme condividendo esperienze diverse; si sente la necessità di conversare, di conoscere il mondo interiore del partner, si vuole che l'altro ci conosca in profondità.

Nell'attrazione tutto questo non conta, sono i corpi a parlare e non serve altro. Qualcuno mi chiede se valga la pena spingere il partner a frequentarsi di più per favorire la trasformazione dell'attrazione in qualcosa di più profondo. Io penso che il processo debba avvenire in maniera spontanea, si può proporre, ma imporre non serve. Se la persona che state frequentando non è interessata a qualcosa di diverso, fare pressioni può essere controproducente. Otterrete il risultato opposto, ovvero la fine dell'attrazione. Ed è un rischio molto frequente: l'attrazione può finire con la conoscenza o con l'abitudine.

Non sono ancora del tutto chiari i meccanismi, anche se sull'argomento si susseguono numerosi studi. A volte è l'odore a generare attrazione, altre la bellezza (con canoni del tutto soggettivi), altre volte la persona ricorda qualcuno del passato che è stato importante per noi, altre ancora è la dinamica che si crea a tenere vivo l'interesse (anche se in questo caso non si può parlare più di attrazione fisica, ma mentale). Lo stesso accade quando finisce. Ma perché accade?

In apparenza, lo spegnersi dell'attrazione riguarda qualcosa che l'altro ha fatto o detto. In realtà non sappiamo bene perché accada. Qualche volta succede all'improvviso, altre in maniera più graduale e, per quanto ci possiamo sforzare di risalire all'origine, di rado riusciamo a trovare il bandolo della matassa.

La tentazione sarebbe quella di rintracciare all'esterno il vero motivo, ma per esperienza so che non è così. Ci sono donne fortemente attratte da uomini che le maltrattano e uomini attratti da donne che li svalutano. Non credo proprio che dipenda da questo. Molte coppie attribuiscono la fine dell'attrazione alla routine o alla presenza dei figli, ma sappiamo che, quando è forte, non ci sono condizioni esterne che possano contenerla.

È più probabile che sia la percezione della «solita routine» a far perdere interesse. Ma esistono davvero due giorni uguali? Siamo le stesse persone di un mese fa? No, tutto è sempre in cambiamento se abbiamo la voglia di guardare con attenzione. Volendo possiamo scoprire ogni giorno la persona che abbiamo accanto, ma per farlo l'attrazione da sola non basta, è necessario l'amore. Chi ama davvero è disposto a esplorare ogni giorno nuovi lati della persona che ha accanto.

Un'occasione straordinaria

Come ormai è chiaro, ogni incontro ci aiuta a comprendere meglio chi siamo e cosa vogliamo davvero. E ora veniamo a una questione importante: l'attrazione senza amore. Per alcune persone, soprattutto donne, è impossibile tenere separato il sesso dall'amore. Per avere un rapporto sessuale appagante hanno bisogno di essere innamorate.

Qualche volta accade di provare una forte attrazione sessuale senza però amare. Come è possibile che per alcune sia impossibile a priori? Nella mia esperienza ho notato che, per superare i sensi di colpa o la vergogna che proverebbero nell'accettare che si tratti soltanto di un'attrazione, alcune donne si convincono di essere innamorate o addirittura di amare. Non potendo legittimare il desiderio sessuale al di fuori di un rapporto, slegato dal sentimento, si persuadono che quello che provano non sia solo un interesse, ma amore. E qui scatta la trappola.

Confondere un'attrazione con l'amore (o convincersi di farlo) può causare enormi problemi. La persona da cui siamo attratti può non essere assolutamente adatta a una relazione, può essere immatura dal punto di vista affettivo o emotivo, può non desiderare di avere un rapporto, può non essere giusta per noi. Ma tutti questi «non» al corpo poco importano.

L'attrazione può essere potentissima, può farci perdere il controllo e trascinare in aree torbide, dove la parte razionale non ha alcun potere. Se ci convinciamo che si tratta di amore, seguiremo quello che pensiamo essere il cuore, ma che in realtà è un'altra parte del corpo.

Una forte attrazione non vale meno dell'amore, ma è qualcosa di molto diverso. Tendiamo a sottovalutarne l'importanza, considerandola il parente povero dell'innamoramento o dell'amore, ma non lo è. Solo riconoscendola e legittimandola, dandole il giusto valore, è possibile viverla con serenità. L'attrazione riguarda la parte animalesca, istintuale e si presenta con una potenza incredibile. Nei sogni è rappresentata come una tigre o comunque come una belva feroce che attacca all'improvviso la sua preda.

Chi non ha dimestichezza con questi istinti primitivi può trovarsi disarmato quando viene assalito e credere di aver trovato l'uomo o la donna della sua vita senza cui non potrà più vivere. In un certo senso è vero, non possiamo vivere chiudendo in gabbia la tigre che è in noi: porterebbe a un malessere. La parte animale va ascoltata e nutrita, ma occorre farlo con consapevolezza.

Per gli uomini è più semplice riconoscerla, forse per un fatto culturale e, probabilmente, perché sono più abituati a farci i conti. Penso che le donne abbiano il diritto di vivere l'istinto nello stesso modo, legittimando il desiderio. Questo non vuol dire che una donna debba andare contro i propri principi. Se desidera che la sessualità sia limitata all'interno di un rapporto, è importante che segua questi valori, ma è altrettanto fondamentale che ascolti la propria natura selvaggia. Non è possibile addomesticare una tigre, così come non è possibile tenerla chiusa in gabbia. Se si tenta di farlo, nel momento in cui riuscirà a liberarsi o risvegliarsi lo farà con un'aggressività distruttiva.

La natura selvaggia

Conosco molte donne che per anni hanno tenuto a bada la loro tigre. Abituate da sempre a rinunciare a ciò che sono davvero, hanno smesso di ascoltare le proprie passioni, costringendosi a vivere una vita piatta e arida, spesso senza accorgersene. Hanno imparato a controllare i propri istinti, considerandoli ingiusti e indossando la maschera della brava bambina. Non hanno più dato ascolto alle intuizioni, che le avrebbero tenute lontane da persone e situazioni dannose.

L'istinto è quella voce che ci indica la strada quando non sappiamo che direzione prendere, la parte che ci protegge e ci permette di comprendere, oltre il pensiero e il ragionamento. Ma questo contatto con la natura selvaggia non è mai del tutto perso. Quando smettiamo di pensare, se scegliamo di rimanere in silenzio, pronti ad accogliere, quella vocina ci sussurra ancora al cuore, se vogliamo ascoltarla. Forse è per questo che abbiamo spesso paura di rimanere da soli, perché quando non c'è più nulla a poterci distrarre, quello che la voce ci dice diventa più chiaro e ci costringe a un cambiamento.

Qualche volta accade che, all'improvviso, la tigre, stanca della sua prigione, rompa le sbarre della gabbia in cui è rinchiusa, portando la donna ad agire in modo incontrollato. Ho visto madri abbandonare tutto per seguire un uomo che neppure conoscevano. Ma anche nei casi meno eclatanti, l'azione non appare come il risultato di una riflessione, ma come una reazione dettata dall'esasperazione. Qualche volta tutto finisce bene, più spesso capita che pensando di seguire il cuore si finisca in un baratro.

In tutti i casi, possiamo trasformare l'esperienza vissuta, se riusciamo a comprendere e a dare un senso all'accaduto. È necessario distruggere per ricostruire, ma se siamo in ascolto e in contatto con la nostra tigre possiamo creare un dialogo, mettendo tutti d'accordo. Vivere una forte attrazione può essere considerato un richiamo, un invito a risvegliare la nostra natura selvaggia.

Troppo spesso le donne mettono da parte i veri desideri, trascurano l'istinto, soffocano la creatività, preferendo la razionalità per aderire ai valori della società in cui viviamo. «Non è razionale» è la frase con cui si liquida qualunque intuizione o comportamento che sia al di fuori degli schemi che qualcuno ha impostato per noi. Pensare troppo, anche quando non serve, è il modo più frequente con cui le donne si allontanano da se stesse. Troppo occupate a ricoprire un ruolo, che di solito non hanno mai veramente scelto, dimenticano il sentire. «Io sono una donna» non significa «mi sento donna», così come «io sono una madre» non vuol dire «io mi sento madre». Hanno perso il contatto con i desideri più veri, si adeguano a quello che qualcun altro ha stabilito per loro, senza neppure accorgersene. Si sentono in colpa perché non desiderano un figlio, si vergognano di non avere un compagno. Oppure, vorrebbero dedicarsi ai bambini, ma sono impossibilitate a farlo per problemi economici o di tempo. Donne che non hanno seguito i loro talenti o il successo per sostenere la carriera dei compagni. Donne che non hanno mai conosciuto l'enorme potenziale racchiuso nella profondità del proprio io.

C'è un esercizio che faccio fare a chi partecipa ai miei corsi per ricontattare la natura più autentica: immaginate di svegliarvi domani mattina e di ritrovarvi soli, con tutto il mondo a vostra disposizione, senza limitazioni di nessun genere e con tutte le competenze di cui avete bisogno. Cosa fareste? Come passereste le vostre giornate? A cosa vi dedichereste? (Dopo i primi istanti di turbamento le persone cominciano a riscoprire la propria essenza. Pian piano la parte creativa si attiva e capiscono di poter fare cose a cui non avevano mai pensato prima.)

Ora dovreste dare un vostro contributo a questo nuovo mondo. Non sareste pagati, ma non avete bisogno di soldi e potete fare qualunque cosa. (Generalmente, nessuno risponde che farebbe il lavoro che fa nella realtà, e per cui magari sta impegnando un'enorme quantità di energie. Il successo è un effetto collaterale di chi svolge un lavoro con passione, è una conseguenza naturale.)

I risultati di questo gioco ci fanno comprendere che siamo troppo condizionati dal mondo esterno: abbiamo troppi doveri e troppa paura di rimanere in contatto con noi stessi. L'attrazione è un richiamo, un riportare l'attenzione su ciò che conta davvero per noi. Una domanda che potremmo farci quando un interesse, o una passione, irrompe all'improvviso, soprattutto quando ci sentiamo sopraffatti, è: Quale desiderio sto soffocando? E non mi riferisco solo al desiderio sessuale. E ancora: Quando ho smesso di ascoltarmi? Cosa sto reprimendo? Potrebbe essere un buon inizio per riscoprire se stessi.

Concludendo, l'attrazione è così importante non solo perché ci spinge verso qualcuno, ma anche perché ci aiuta a tornare in unione con noi stessi.

10
Vicini sì, ma non troppo: la paura dell'intimità

Riconsiderate le vostre ultime tre storie. Se ripensandoci vi accorgerete che le persone che avete incontrato e con cui avete cercato di costruire una relazione erano sfuggenti, impegnate o inaffidabili, allora ricordatevi che, come scriveva Agatha Christie, la celebre scrittrice di romanzi gialli: «Un indizio è un caso, due rappresentano una coincidenza, tre sono una prova.»

Se vi è capitato più volte di incontrare partner freddi e distaccati, che spariscono appena la relazione diventa più intima o con i quali vi ritrovate coinvolti in triangoli amorosi, questo capitolo potrebbe interessarvi in modo particolare. Vi state chiedendo perché? Perché forse qualche parte profonda di voi evita inconsapevolmente il coinvolgimento.

Chi teme l'intimità rimane facilmente invischiato con uomini e donne che non vogliono legami, così da non doversi mai confrontare con le proprie paure. Quello che però emerge è un accanimento verso il partner sfuggente, in vere e proprie crociate, nel tentativo di convertirlo alla relazione.

È affascinante ascoltare le infinite spiegazioni che la persona inconsapevolmente spaventata dal rapporto amoroso fornisce per giustificare la propria situazione di single forzato. Si va dal rammarico di «è tutta sfortuna» a «non esistono più gli uomini (o le donne) di una volta» fino a un'affermazione che non lascia spazio a repliche: «Io non credo più all'amore.»

È proprio quest'ultimo pensiero che dovrebbe suscitare un sospetto: chi dice una cosa del genere forse non ha mai amato, perché, in caso contrario, non avrebbe alcun dubbio. L'amore non è una religione a cui si può credere o non credere, ma un sentimento: chi ha amato non ha incertezze riguardo a ciò che ha sperimentato.

E allora vi starete chiedendo: «Perché chi non ha mai amato tende ad attribuire la responsabilità all'altro?»

Chi teme l'intimità non sa di essere lui stesso (o lei stessa) che inconsciamente vuole evitare un rapporto, crede davvero di volerlo. Ammetterlo significherebbe affrontare le proprie paure e confrontarsi con qualcosa ritenuto da sempre troppo pericoloso. Scegliere partner inaffidabili, impossibili o distanti è, dunque, un ottimo modo per non fare i conti con il terrore che una relazione stabile e duratura provocherebbe. Attribuire la responsabilità agli altri è il modo più semplice (almeno in apparenza) per evitare il problema.

Che cos'è l'intimità

Quando si parla di intimità il primo pensiero va al sesso. Eppure, intimità e sesso non sono la stessa cosa. È possibile avere una relazione intima, senza sesso, così come è possibile avere una relazione sessuale senza alcuna intimità.

L'intimità è una connessione tra due persone che hanno un rapporto stretto, e comprende il dialogo, lo scambio e la condivisione di pensieri, sentimenti ed emozioni. Può essere fisica, emotiva e/o mentale, e viene descritta come «senso di vicinanza». L'intimità fisica è quella che si sperimenta nel contatto, nelle carezze, nei baci e nel sesso. L'intimità emotiva è accompagnata da manifestazioni di supporto reciproco, comprensione e fiducia vicendevoli, gentilezza, affetto e amore. Questi sono alimentati da un'unione spirituale, in cui gli individui condividono le proprie convinzioni, i propri sentimenti e i desideri più profondi.

Una relazione intima è caratterizzata da una forte unità: i due partner possono adattarsi alle necessità e alle esigenze l'uno dell'altro.

La condizione necessaria per fare esperienza dell'intimità è che ci si senta al sicuro nel rapporto. Da questo «affidamento» di base scaturisce il desiderio di aprirsi all'altro e mostrare le proprie vulnerabilità.

«Io ci sono sempre»

L'errata convinzione che chi ama debba essere sempre presente per l'altro trasforma alcuni rapporti in unioni di tipo parentale, in cui il partner diventa un genitore sempre pronto e disponibile a soddisfare le richieste. Il rischio in questo tipo di relazioni è la perdita dell'eros. Nel momento in cui si inizia a proiettare nel compagno la figura paterna o materna, il desiderio sessuale tende facilmente a ridursi o a perdersi. Chi cerca sicurezze o accudimento cade nella trappola di creare con il partner un rapporto madre-figlio o padre-figlia, con tutte le conseguenze che ne derivano.

Una volta che la dinamica si è stabilita, è molto probabile che si ripetano gli schemi relazionali tipici del figlio o della figlia con il genitore. Troppo spesso mi capita di assistere a vere e proprie «sgridate» da parte di donne che rimproverano i compagni per aver lasciato la casa in disordine, perché non partecipano alle faccende domestiche o perché giocano troppo tempo con la PlayStation, esattamente come fanno le madri con i figli. Analogamente, accade che gli uomini vietino alle compagne di uscire con gli amici, di scegliere i propri abiti o di decidere come passare il loro tempo, come generalmente fa un padre con una figlia adolescente.

All'inizio può essere appagante vedersi accuditi o protetti, ma i risvolti spiacevoli di una dinamica poco funzionale si faranno presto sentire. È importante poter contare sull'aiuto e il sostegno della persona che abbiamo accanto, ma è necessario potercela cavare anche da soli e mantenere i nostri spazi.

Percepire ogni tanto la mancanza, sapere che non siamo la stessa cosa e che le vite di ognuno sono separate, come è in realtà, consente di mantenere vivo il desiderio. Non posso desiderare qualcosa che è sempre presente. Il desiderio cresce per qualcosa che non si ha o almeno per qualcosa che talvolta si dimostra assente. Se la percezione è di possesso totale, pieno controllo e presenza costante, il prezzo da pagare è la perdita del desiderio.

È uno dei motivi per cui nei rapporti di lunga durata si ha meno interesse per il sesso. L'altro è dato per scontato, si crede di sapere tutto e si pensa che non ci sia più nulla da scoprire. L'eros invece ha bisogno del disordine e della novità per crescere. Dove ci sono ripetitività, certezze e monotonia, non può esistere.

«Noi ci diciamo tutto»

«Siamo molto complici, ci siamo sempre detti tutto!» Raccontare a chi amiamo i dettagli della nostra vita non è necessariamente un segnale d'intimità.

Alcune persone hanno la tendenza a raccontare ogni cosa di sé, dei loro malesseri e delle loro questioni private, anche a perfetti sconosciuti. Vi inondano di parole, vi rapiscono per ore senza che possiate staccarvi dalla conversazione. Parlano del loro passato, del rapporto che hanno avuto con i genitori, dei problemi coniugali. Qualche volta raccontano anche eventi drammatici ma, anche in questi casi, percepite che si tratta di un racconto senza anima. È soltanto una lunga serie di parole messe in fila, che non evocano nulla e non suscitano alcuna reazione emotiva.

Questo modo di conversare non è affatto intimo. Nella maggior parte dei casi, chi parla non nota neppure i segnali di noia o il disinteresse dell'ascoltatore. Magari voi siete lì che vorreste scappare, mostrate segnali di insofferenza, vi girate un po' con il corpo e cercate con lo sguardo qualcuno che possa salvarvi e, niente, loro continuano imperterriti per la loro strada. Questo non vuol dire condividere. Si tratta piuttosto di una forma di esibizionismo, un modo per mettersi in mostra e ricevere attenzioni.

L'intimità non è data dal numero di parole pronunciate o da quante cose sappiamo dell'altro. Sono il calore, la profondità, la qualità della conversazione, e non la quantità di informazioni trasmesse, a fare la differenza.

È facile capire quando uno scambio è intimo e profondo perché le parole risuonano in noi. La mente in questi casi è poco impegnata e il cuore è totalmente aperto, a disposizione. Mentre ascoltiamo non abbiamo fretta che arrivi il nostro turno per dire ciò che pensiamo. Non valutiamo né giudichiamo. Non offriamo suggerimenti per mostrare la nostra competenza o per dare consigli non richiesti. Desideriamo solo condividere quel momento per conoscere qualcosa di più della persona che abbiamo di fronte.

È impossibile rivelare un segreto o fare una confidenza a chi appartiene a una coppia che si dice tutto, perché si è certi che il minuto dopo, al più tardi la sera, il partner verrà informato. «Che male c'è?»: così la coppia liquida la questione. Forse per loro non c'è nulla di sbagliato, ma non avere confini con il proprio partner e vedersi come un'unica entità può far dimenticare che per le altre persone questo modo di fare comporta un'assenza d'intimità. In altri termini, se non mi sento libero di parlare delle mie questioni private perché so che presto saremo in tre a saperle, decido di non confidare qualcosa che mi piacerebbe condividere.

«Voglio sapere tutto di te»

Più volte amici o pazienti, parlandomi dell'altro, mi hanno ripetuto frasi come «mi ha raccontato che ha avuto un brutto rapporto con il padre», oppure «ha avuto problemi durante l'infanzia», o ancora «mi chiama sempre per parlarmi dei suoi problemi con l'ex». E fin qui potrebbe non esserci nulla di strano, se non fosse che queste confidenze vengono considerate una prova di profondità del legame. Il problema è che questa supposizione non è sempre vera.

Come ho spiegato in precedenza, per qualcuno parlare dei fatti della propria vita non ha necessariamente un significato di vicinanza. Qualche volta può servire a ricevere attenzioni, altre a farsi compatire, altre ancora a riempire i vuoti. Il fatto di sapere tutto dell'infanzia del proprio partner non vuol dire conoscere meglio l'uomo o la donna che si ha accanto. Certo, può essere utile a comprendere alcune dinamiche, con il rischio però di trasformarci nel suo analista, senza tra l'altro averne le competenze.

Se la condivisione avviene spontaneamente e l'ascolto senza interpretazioni, conoscere la vita passata di chi si ama può essere emozionante. Immaginare l'amato da bambino, con i suoi sogni e le sue paure, fantasticare sui giochi che preferiva o visitare i luoghi in cui ha vissuto è una cosa. Diverso è cercare di capire il rapporto che aveva con sua madre per tentare di indovinare se la relazione che si sta vivendo funzionerà o per giustificare comportamenti che non si condividono. «Mi tratta male perché ha avuto un brutto rapporto con sua madre», per esempio, non può essere una spiegazione, e ancor meno una giustificazione. Ciò che si è vissuto in passato può lasciare un segno, ma l'uso che si decide di farne è sempre personale. Soprattutto, per «rimuovere» i segni lasciati dal passato ci sono un sacco di bravi analisti a cui rivolgersi. Non può essere una competenza o un compito del partner, per quanto amorevole, premuroso e comprensivo sia.

Conosco coppie che si scambiano fino a venti telefonate in una sola giornata, raccontandosi ogni dettaglio di quel che accade, senza trascurare il minimo spostamento. Altri hanno persino accesso alla geolocalizzazione dello smartphone dell'altro. Ancora, c'è chi opta per le videochiamate così da poter mostrare il luogo dove si trova per rassicurare il compagno o la compagna.

Non voglio entrare nel merito della questione, poiché sono convinta che ognuno possa fare ciò vuole. Ma una cosa è certa: ammesso che questi atteggiamenti risultino funzionali alla coppia e rendano felici entrambi, va comunque sottolineato che rispondono più a un bisogno di controllo che a un vero desiderio di intimità. Se essere interessato a ciò che l'altro fa è naturale, voler avere il controllo della sua vita è un desiderio molto lontano dall'amore, che ha come condizione essenziale la libertà di entrambi i partner. E non è tutto. Anche la fiducia è un elemento importante nella coppia: se viene a mancare c'è il pericolo che la paura domini la relazione con risultati devastanti.

Voler sapere tutto quello che passa nella mente dell'altro, tartassandolo di domande con il pretesto di «voler capire», è ugualmente un forte indice di controllo. Cercare di comprendere i meccanismi mentali della persona che si ha accanto spesso nasconde un tentativo molto più subdolo, ovvero quello di manipolare la situazione. Accade soprattutto quando le cose non vanno come si vorrebbe. In questo caso ciò che spinge non è il desiderio di conoscenza, ma il tentativo di farle girare nel modo giusto (dove per «giusto» si intende «il proprio»).

Conoscere il mondo interiore delle persone che si amano è davvero affascinante, significa esplorare un universo sconosciuto che può essere molto diverso da quello che già conosciamo. È necessario entrarci in punta di piedi, con gentilezza, e osservare con amore quello che vediamo. Molto spesso accade invece di voler trasformare l'altro come desideriamo; nel tentativo di farlo, smettiamo di essere semplici osservatori di quel mondo, trasformandoci in distruttori.

L'intimità è fatta di affetto, rispetto e comprensione reciproca; il controllo è il desiderio di governare, regolare o influenzare direttamente le decisioni e la condotta degli altri. Un rapporto intimo prevede un flusso di sentimenti e comportamenti mutualmente accettati; il controllo è forzare o spingere l'altro a fare qualcosa che non vuole davvero. È intimità quando i partner tengono entrambi conto delle emozioni e dei bisogni dell'altro; è controllo quando una parte cerca di soddisfare i propri bisogni a scapito di quelli dell'altro.

«Se tu ti allontani, io mi avvicino»

Una mia paziente l'ha definito «il valzer del tempo perso» ed è una definizione che trovo estremamente appropriata. Si tratta di un «gioco» in cui, mentre uno scappa, l'altro lo rincorre. Poi, quando il partner che insegue si ferma, l'altro si riavvicina. A questo punto l'ex inseguitore crede di aver finalmente conquistato il fuggitivo, ma si tratta di un'illusione che durerà molto poco: appena l'inseguitore farà un passo per provare ad avvicinarsi e andare incontro al fuggitivo, lui tornerà a scappare. E così via. Questo comportamento fa impazzire l'inseguitore che, ogni volta, avrà l'impressione di trovarsi a un passo dal traguardo per poi rimanere puntualmente a bocca asciutta.

Perché un simile comportamento? La spiegazione è molto semplice: entrambi i partner cercano di evitare l'intimità.

Entriamo nel dettaglio della dinamica per comprenderne meglio i meccanismi costitutivi. Proviamo a immaginare la distanza emotiva, prefigurandocela come se si trattasse di una distanza fisica. Ipotizziamo che, all'inizio, il fuggitivo e l'inseguitore si trovino a una distanza di tre metri segnalata da una riga gialla. Man mano che il rapporto va avanti la distanza si accorcia. Tutto procede bene fino a quando non si raggiunge un'area pericolosa, diciamo intorno ai due metri, tanto per continuare a farci un'idea più concreta della situazione con l'esempio che abbiamo scelto di portare avanti. La distanza di due metri sarà segnalata da una riga rossa, che rappresentando un pericolo farà scattare l'allarme nel fuggitivo, il quale comincerà a percepire il rapporto troppo intimo e si allontanerà. È a questo punto che l'inseguitore metterà in atto una serie di strategie nel tentativo di riavvicinarsi. Se il fuggitivo (come è molto probabile che accada) non risponderà al richiamo, l'inseguitore aumenterà la pressione facendo domande, richieste, telefonate, scenate, mandando messaggi e chi più ne ha più ne metta. Il fuggitivo si sentirà sempre più braccato e continuerà a scappare ancora più veloce. Quando sentirà di essere tornato a una distanza di sicurezza, smetterà di fuggire e si fermerà. Dopo essersi tranquillizzato riguardo al fatto che nessuno lo sta rincorrendo, pian piano si riavvicinerà all'inseguitore, fino alla linea gialla dei tre metri iniziali. A questo punto l'inseguitore, vedendolo avvicinarsi, penserà: «Vedi che avevo ragione? Vuole stare insieme a me», e cercherà di andargli incontro. Il fuggitivo lo lascerà fare finché non sarà raggiunta di nuovo la riga rossa dei due metri, superata la quale tornerà a scappare. A questo punto possono accadere due cose. Se l'inseguitore desidera una relazione intima, lascerà andare il fuggitivo perché non vuole perdere tempo, indipendentemente dal coinvolgimento. Una persona emotivamente matura è in grado di comprendere quando è il caso di insistere e quando lasciar andare e, dopo il secondo giro, sa dire basta alla dinamica del valzer del tempo perso. Se invece qualche parte profonda dell'inseguitore si allea con il fuggitivo, continuerà inconsciamente a partecipare al gioco. In questo caso rimarrà in una storia in cui l'intimità non è mai raggiunta, con il continuo desiderio di un rapporto vero, senza mai conquistarlo.

Qualcuno starà pensando: «Certo, sembra facile andarsene quando si è innamorati...» No, non è facile, lo so benissimo, ma questo non significa non impegnarsi a farlo.

Quando ci rendiamo conto che la persona che abbiamo accanto (o, peggio ancora, a più di due metri, per continuare l'analogia) non vuole una relazione, o non la vuole con noi, rimanere agganciati ci allontana dal nostro scopo, se quello che vogliamo è un amore reciproco. Il punto, però, è che spesso quando rimaniamo invischiati in storie di questo genere è proprio perché, pur desiderandolo, in fondo temiamo un amore maturo e reciproco. Storie così sono una fantastica occasione per intercettare le zone d'ombra e interrogarci su noi stessi.

«Ti tengo in caldo, a fuoco lento»

Un modo efficace per evitare l'intimità è quello di mantenere più relazioni, come un giocoliere tiene in aria le palline.

Il giocoliere tiene tutti i partner sempre in caldo, facendoli cuocere pian piano, pronto poi ad alzare la fiamma quando serve. In questo gioco c'è sempre una persona titolare con cui intrattiene una relazione ufficiale, una in panchina (la riserva), pronta a sostituire la titolare in caso di necessità e una o due alternative, che rimangono in tribuna ad aspettare che si liberi la panchina. Chi usa questa strategia di evitamento dell'intimità ottiene diversi «vantaggi».

Eccone alcuni:

- uno scarso coinvolgimento. Le attenzioni sono condivise con più persone, quindi non c'è un reale rischio nell'investimento emotivo;
- la garanzia di non rimanere mai soli, senza però stare davvero in una relazione con qualcuno;
- la possibilità di rivolgersi altrove in caso di conflitti o frustrazioni;
- non dover rinunciare a nulla;
- non doversi impegnare troppo: se qualcuno si stanca, la sostituzione è già pronta.

Quali sono gli incastri tra il giocoliere (userò la dicitura al maschile, ma esistono bravissime donne-giocoliere) e i suoi partner?

La titolare (o il titolare) all'inizio potrebbe non rendersi conto fino in fondo di quello che sta accadendo, anche se si accorge che il partner non è del tutto coinvolto nella relazione. Per quanto non ne abbia le prove, percepisce la presenza di altre persone che ruotano attorno alla vita del giocoliere. Può anche accadere che a un certo punto scopra qualcosa, ma è probabile che non riuscirà ad allontanarsi. Farà di tutto per incolparsi, ritenendosi responsabile del tradimento o rimuginando su qualche sua carenza. La scoperta, comunque, non è vissuta come un fulmine a ciel sereno, proprio perché in fondo al proprio cuore lo ha sempre saputo. Le mancanze del giocoliere sono vissute dal titolare con grande sofferenza, ma pensa che sia proprio ciò che si merita. Si considera fortunata/o a ricoprire quel ruolo e, per questo, è grata/o al giocoliere.

La persona in panchina vive una grande confusione. Il giocoliere compare e scompare senza alcun motivo apparente, confondendola. «Come è possibile che passiamo delle bellissime giornate e poi scompare senza motivo?» Qualche volta la riserva arriva a diventare titolare per qualche mese e crede di potersi tranquillizzare. Ma non è detto, potrebbe finire di nuovo in panchina perché è tornata la titolare precedente o perché una nuova riserva è diventata titolare. Insomma, è davvero difficile per la riserva comprendere cosa stia realmente accadendo, soprattutto se il giocoliere è molto allenato.

Chi sta in tribuna viene chiamato invece all'improvviso, come se si trattasse di una questione di vita o di morte. Ignara di tutto quello che sta succedendo, la persona in tribuna potrebbe addirittura trovarsi a svolgere il ruolo della titolare da un momento all'altro, perché la precedente se n'è andata e la riserva si è infortunata (o stancata). In questo caso il giocoliere impazzisce perché non può più giocare la sua partita ed è pronto a offrire qualunque cosa pur di non vedere le sue palline cadere a terra miseramente.

Se la titolare pensa di dover essere grata al giocoliere perché le ha affidato il posto d'onore e arriva ad accettare la presenza delle altre figure, la riserva e chi sta in tribuna vivono in uno stato di perenne attesa.

Anche in questo caso la dinamica andrebbe ricercata nell'interiorità. Per quanto sia evidente il tentativo del giocoliere di evitare una relazione profonda e intima, non è da sottovalutare il ruolo dei partner nel mantenimento della dinamica. In genere, chi si accompagna a un giocoliere si difende dalla paura di sentirsi amato. È così abituato a elemosinare amore che non è più in grado di riceverlo. È come una persona rimasta per tanto tempo nel deserto senza bere: non può dare una bella sorsata appena ha l'acqua a disposizione, dovrà iniziare con qualche goccia, finché il corpo non riprenderà pian piano il suo equilibrio.

Questo accade anche con l'amore. Chi non l'ha mai ricevuto in abbondanza, continuerà ad accontentarsi di qualche goccia, finché non arriverà a comprendere e riconoscere i propri meccanismi interni.

Dire «non voglio accontentarmi delle briciole» non è sufficiente, anche se è già un primo passo. Occorre fare un lavoro per affrontare le paure che una relazione reciproca potrebbe attivare. Chi ha avuto da sempre relazioni caratterizzate da abusi, umiliazioni, abbandoni e tradimenti fatica a fidarsi, e non basta trovare un partner affidabile per risolvere il problema. Occorre confrontarsi con i propri timori e con la propria capacità di stare in un rapporto alla pari in cui si ama e si è amati, senza aspettare e senza rincorrere, ma camminando insieme, fianco a fianco.

Io, te e l'altro (o l'altra): i triangoli amorosi

Molte persone hanno un vero talento nel trovarsi a vivere storie con persone impegnate. Ne ho conosciute diverse che non hanno mai avuto una relazione con un partner libero in tutta la loro vita. Qualche volta accade che ci si innamori di una persona impegnata e, nel giro di qualche mese, la situazione si definisce, in un senso o nell'altro. Altre volte quello del triangolo è invece un vero e proprio schema relazionale. In questo caso ciò che caratterizza il legame è un rapporto amoroso composto dalla coppia ufficiale e da un amante che in genere è al corrente della situazione, ma crede si tratti di una situazione passeggera, giusto il tempo che l'amato si decida a seguire il proprio cuore e si separi. È l'aspettativa di vivere un amore reciproco e straordinario che blocca moltissimi uomini e donne nei dolorosi triangoli. L'amante non lascia andare la persona impegnata perché non riesce a smettere di pensare che le cose cambieranno. D'altro canto, l'amato non ha alcun interesse ad andarsene e farà di tutto, o quasi, per non essere lasciato.

L'amante si convince dell'importanza del sentimento proprio a causa della determinazione del partner a voler mantenere la relazione. «Se amasse davvero la moglie (o il marito) non ci terrebbe così tanto a me» si dice e si tormenta con un'infinità di pensieri che non fanno altro che stringere il legame fino a creare un groviglio da cui diventa sempre più difficile uscire. In certi momenti arriva quasi a dimenticarsi che l'amato ha un compagno o una compagna, soprattutto quando scopre che passerà con lui o con lei le vacanze estive, i weekend, le feste di Natale o la settimana bianca. Quando la realtà diventa impossibile da negare, la sofferenza si fa insopportabile e si può arrivare al punto di interrompere la frequentazione. Naturalmente, al ritorno dalle ferie l'amato proclamerà di nuovo il proprio amore e rinnoverà la promessa, chiedendo all'amante altro tempo, che gli sarà concesso.

Ora, la posizione dell'amato è abbastanza chiara. Vive una relazione di coppia forse non del tutto soddisfacente ma che desidera mantenere per qualche motivo e, in parallelo, porta avanti un rapporto clandestino. Può essere poco trasparente, giusto o sbagliato, ma accade che un uomo, o una donna, voglia mantenere due rapporti allo stesso tempo.

È in apparenza più complesso capire perché l'amante accetti di condividere l'amato con un'altra persona. In genere la risposta è: «Perché ama.» Ma non è sufficiente a spiegare per quale motivo una persona rimanga agganciata per anni a un partner impegnato, devastandosi. La verità è che spera che la situazione cambi. Alla domanda «se tu avessi la certezza che la vostra storia rimarrà così per sempre, se tu sapessi di rimanere per sempre nel ruolo dell'amante, resteresti?», la risposta sarebbe un decisissimo «no».

L'incastro è proprio l'illusione di poter cambiare le cose, la segreta speranza che il desiderio possa avverarsi e ricompensare per tutto il dolore vissuto. L'amante teme un rapporto con un partner libero perché scatenerebbe dentro di lui paure intollerabili. Si tratta di uomini e donne che forse non hanno mai sperimentato la sensazione di sentirsi unici. Hanno dovuto combattere per avere l'amore e l'attenzione di qualcuno e non hanno mai imparato che per essere amati non si deve convincere l'altro a farlo. L'amore è un dono che non deve essere conquistato o meritato.

Come alimentare l'intimità nei rapporti

La domanda che potrebbe sorgere a questo punto è: «Come costruire un rapporto intimo?» Innanzitutto, è necessario rinunciare a un rapporto fusionale (merger-hungry). Come abbiamo visto nel capitolo 3, in un rapporto fusionale i due partner annullano la distanza che li separa e, quindi, non è possibile parlare di intimità. Occorre poi essere presenti e lucidi, contattando e riconoscendo le proprie paure. Le pratiche che seguono possono aiutare ad aumentare gradualmente l'intimità. Ecco gli otto passi che vi suggerisco di compiere.

1. *Tempo.* Rispettate i tempi e i modi dell'altra persona. Quando vi accorgete che nel rapporto che state vivendo c'è poca intimità, vorreste risolvere immediatamente il problema, senza tener conto di quello che vuole l'altra persona. Ricordate che non è possibile imporre a qualcuno un desiderio. Se lui o lei non desidera un rapporto intimo non ha alcun senso litigare per ottenerlo. Il conflitto vi farà allontanare ancora di più, soprattutto se ciò che motiva la distanza è la sua paura. Meglio un dialogo aperto e sincero dove si spiega al partner ciò di cui si è preso coscienza.
2. *Contatto visivo.* Imparate a guardare il partner negli occhi. Sentire la profondità di uno sguardo intenso aiuta a comunicare vicinanza.
3. *Abbracci e tenerezza.* Stringervi in un abbraccio tenero, non finalizzato al sesso, può trasmettere una piacevole sensa-

zione di intimità. Soprattutto nelle coppie di lunga data, gli scambi affettivi rimangono confinati alla sessualità, ci si dimentica il piacere dell'abbraccio.

4. *Spazio.* Riconoscete il vostro diritto di avere spazio. La consapevolezza che è importante mantenere i propri interessi, per entrambi i partner, permette di vivere il rapporto con più libertà, senza sentirsi prigionieri. Quando stare insieme è una scelta e non un obbligo o una routine, la disponibilità ad avvicinarsi cresce.
5. *Comunicazione sincera.* Create un dialogo profondo, condividendo risate, segreti e opinioni sincere. Con il passare del tempo la comunicazione diventa spesso superficiale. Le telefonate si trasformano in semplici conversazioni operative del tipo «cosa hai fatto», «cosa hai mangiato», che non arricchiscono la coppia. Discutere di un tema o di una situazione, approfondendo con domande, può migliorare la qualità della conversazione e può aiutare a conoscere meglio il modo di ragionare del partner.
6. *Gentilezza.* Fate un complimento significativo alla persona con cui state condividendo l'intimità. Non mi riferisco soltanto a frasi del tipo «sei bella» o «stai bene con quel vestito», ma anche ad affermazioni amorevoli che nella fretta si possono dimenticare. Ecco alcuni esempi:

   «Apprezzo molto il tuo aiuto.»
   «Non so come avrei fatto senza di te.»
   «Mi hai fatto un grande favore.»
   «Sei sempre stato un grande sostegno.»
   «Sono grato per la tua gentilezza.»
   «Grazie per aver reso possibile tutto questo.»
   «Apprezzo e ti ringrazio per la tua comprensione.»
   «Grazie perché sei sempre qui ad aiutarmi.»

7. *Comprensione reciproca.* Imparate a diventare consapevoli dei bisogni vostri e del partner, senza dare per scontato di conoscerli. Avere bisogni diversi non vuol dire amarsi di meno. Se il partner non comprende le vostre necessità, provate a dire chiaramente quello che volete, senza recriminazioni. Affermare «non mi abbracci mai» non è comunicare un bisogno, è una critica e, lo sappiamo bene, a nessuno piace essere criticato. Avvicinarsi e dire «amore, mi dai un abbraccio?» è più efficace. Se il partner non ha i vostri stessi bisogni non può imporseli, e creare un conflitto non vi aiuterà a risolvere il problema. Se state pensando che se lo dovete chiedere non ha più valore, sappiate che state fraintendendo il modo in cui si ama.
8. *Fiducia.* È la base fondamentale per la creazione di una relazione di intimità. Imparare a fidarci del partner è fondamentale. Siamo umani e sbagliamo, tutti, ma questo non vuol dire che non possiamo avere una relazione di fiducia. Rimanere in allerta, controllare gli spostamenti e fare lunghi interrogatori non basterà a evitare che il partner vi tradisca, se vuole farlo. La cosa più semplice è occuparsene, quando e se dovesse accadere. Nel frattempo, godetevi il rapporto evitando di pensare a catastrofi future. Come spesso dico, l'amore, come del resto la vita, non può dare certezze ed è meglio viverselo intensamente ogni giorno.

Conclusioni

Siamo giunti al termine del nostro viaggio. Molto probabilmente vi starete chiedendo se è possibile invertire il meccanismo che nelle relazioni vi impedisce di «andare oltre». Per rispondere a questa domanda facciamo ordine tra le idee che, arrivati alla fine di questa lettura, dovreste aver chiare nella mente.

Quello che accade nella vita, se spinto dall'inconscio, ha un unico scopo: aiutarci a diventare consapevoli delle dinamiche profonde.

«Rendi cosciente il tuo inconscio, altrimenti sarà l'inconscio a guidare la tua vita e lo chiamerai destino»: è nella frase di Carl Gustav Jung, padre della psicologia analitica, che potremmo racchiudere il senso di questo percorso insieme. Tutto ciò che non conosciamo agisce a nostra insaputa e, spesso, ostacola i nostri progetti.

Provate a immaginare quello che accade a un bambino che vuole essere ascoltato dalla mamma: se lei lo ignora, lui comincia a urlare, a piangere, a disperarsi. Per l'inconscio vale lo stesso principio: vuole che gli si presti la stessa attenzione e, quando non lo facciamo, si mette di traverso. Non vuole danneggiarci, semplicemente vuole essere considerato, proprio come quel bambino attaccato alla gonna della sua mamma. Quando siamo troppo reattivi, ci arrabbiamo facilmente, tendiamo a criticare o giudicare gli altri, dipendiamo troppo dalle altre persone o abbiamo un'infinità di paure, allora è molto probabile che parti profonde di noi stiano richiamando la nostra attenzione.

Per amare non è necessario essere perfetti o aver risolto tutti i nostri lati d'ombra; è sufficiente sapere che esistono, impegnandoci a rimanere vigili. Come ben sappiamo, quando siamo lucidi, è molto facile capire se la persona che abbiamo di fronte può andar bene per creare una relazione stabile.

Di solito lo capiamo fin dall'inizio. C'è sempre una vocina che ci sussurra all'orecchio: «Sei sicura/o?» Il problema è che spesso non la ascoltiamo. Perché? Perché ci sono ancora lati d'ombra che devono essere portati alla luce. Quando siamo pronti a ricevere amore, arriva sempre la persona «giusta», quella con cui poter costruire qualcosa. E non importa se durerà per tutta la vita, sarà comunque qualcosa di bello. Ogni storia è meravigliosa se ci si scambia amore, indipendentemente dalla durata.

Chi cerca un partner per avere conferme, per placare le paure, per non rimanere da solo, difficilmente potrà costruire storie soddisfacenti. Si tratterà di rapporti compensatori: qualche volta funzionano, ma l'amore non è mai l'ingrediente principale.

Anche la fretta è cattiva consigliera. La conoscenza richiede tempo, l'amore si costruisce passo dopo passo. Tutto ciò che è improvviso ha a che fare con le emozioni. Quelle intense sono belle da vivere, ma l'amore è un sentimento e il suo decorso è totalmente diverso. L'emozione è fatta di picchi alti e di breve durata, l'amore è più caldo e stabile. L'emozione fa battere forte il cuore, l'amore dà pace e stabilità, non offre certezze, è libero dal controllo.

Una domanda che spesso mi viene fatta è: «Come faccio a non soffrire più?» La risposta è che non è possibile evitare la sofferenza. Le storie possono finire, anche quando ci si è amati moltissimo. Le persone che incontriamo nel nostro cammino ci aiutano a evolverci e, qualche volta, esaurita questa funzione, si allontanano. Può essere doloroso, ma se manteniamo salda la certezza che non saremo mai soli perché qualcun altro è già sulla nostra strada, pronto a incontrarci per fare il successivo tratto insieme, allora sarà più semplice da affrontare.

Certo, qualcuno riesce a mantenere vivo l'amore nel tempo, ma è necessario lavorarci in due; non possiamo costringere nessuno a rimanerci accanto.

In ogni caso, l'amore è inesauribile e non per forza è destinato a una sola persona: se il partner se ne va è solo perché non ha più nulla da offrirvi.

Affidarvi con fiducia all'amore e alla vita vi aiuta ad affrontare i rapporti in modo totalmente diverso. La fine di una storia non deve essere vista come l'ennesimo tentativo fallito, ma come un ulteriore pezzo di un puzzle a cui state lavorando: la storia della vostra vita.

Stampato da
Grafica Veneta S.p.A., Trebaseleghe (PD)
per conto di Sonzogno di Marsilio Editori® in Venezia

Edizione	Anno
10 9 8 7 6 5 4 3 2 1	2023 2024 2025 2026 2027